Schriftenreihe der Deutschen Vereinigung für Erbrecht
und Vermögensnachfolge (DVEV)

Rudolf/Bittler

Vorsorgevollmacht, Betreuungsverfügung, Patientenverfügung

Vorsorgevollmacht, Betreuungsverfügung, Patientenverfügung

von
Rechtsanwalt Michael Rudolf, Angelbachtal
und
Rechtsanwalt Jan Bittler, Angelbachtal

Deutscher**Anwalt**Verlag

Die Deutsche Bibliothek – CIP-Einheitsaufnahme

Rudolf, Michael
Vorsorgevollmacht, Betreuungsverfügung, Patientenverfügung /
von Michael Rudolf und Jan Bittler. – Bonn: Dt. Anwaltverl., 2000
(Schriftenreihe der Deutschen Vereinigung für Erbrecht und
Vermögensnachfolge (DVEV); 6)
ISBN 3-8240-5016-1

Dieses Buch wurde mit Sorgfalt und nach bestem Wissen verfaßt. Insbesondere die Formulierungsbeispiele stellen jedoch lediglich Arbeitshilfen und Anregungen für die Lösung dar. Die Eigenverantwortung für die Formulierung von Verträgen, Verfügungen und Schriftsätzen trägt der Benutzer. Autoren und Verlag übernehmen keinerlei Haftung für die Richtigkeit und Vollständigkeit der Ausführungen und Formulierungsbeispiele.

Satz und Druck: Freiburger Graphische Betriebe, Freiburg
Titelgestaltung: D sign Korn, Solingen
ISBN: 3-8240-5016-1

Geleitwort

Die Deutsche Vereinigung für Erbrecht und Vermögensnachfolge e. V., gegründet im Jahr 1995, ist ein Zusammenschluß von Praktikern aus den rechts- und steuerberatenden Berufen mit besonderem Interesse am Erbrecht sowie dem Recht der Vermögensnachfolge. Die Vereinsgründung entsprach der wachsenden Bedeutung des Erbrechts für die juristische und steuerberatende Praxis. Einer der herausragenden Vereinsziele ist die umfassende Unterstützung der Mitglieder, insbesondere im Bereich Fortbildung.

Aufgrund vielfacher Anregung von Seminarteilnehmern und entsprechend den Bedürfnissen der täglichen Beratungspraxis entstand der Gedanke zur Herausgabe einer Schriftenreihe, die ausschließlich an der Alltagspraxis orientierte Themen behandelt.

„Vorsorgevollmacht, Betreuungsverfügung, Patientenverfügung“ ist der fünfte Band in einer ausgesuchten Reihe von erbrechtlichen Spezialthemen. Bereits erschienen sind Darstellungen zu den Themenbereichen Nachlaßpflegschaft, Sozialhilferegreß, Übergabevertrag und Internationales Erbrecht. Der Herausgeber hofft, mit dieser und den folgenden Schriften dem fachkundigen Leser eine effektive Unterstützung in seiner täglichen Arbeit zu bieten.

Karl-Ludwig Kerscher
Rechtsanwalt
Vorstand und Mitbegründer der DVEV

Vorwort

Am 1. Januar 1999 ist das Betreuungsrechtsänderungsgesetz in Kraft getreten von dem rund 700.000 Menschen betroffen sind, die aufgrund einer psychischen Krankheit oder Behinderung oder aufgrund Altersverwirrtheit nicht mehr über ihre persönlichen und finanziellen Angelegenheiten entscheiden können.

Die Anzahl der Betreuungsbedürftigen nimmt stetig zu. Waren im Jahr 1992 erst rund 75.000 Betreuer von den Vormundschaftsgerichten bestellt worden, waren es 1995 bereits rund 123.000 und 1996 rund 142.000.

Der sechste Vormundschaftsgerichtstag (zugleich Quelle der vorgenannten Zahlen) war bereits 1998 der Meinung, daß Gerichte und Behörden mit der hohen Anzahl der Verfahren überfordert seien. Gleichzeitig wird darauf hingewiesen, daß sich ein Betreuungsverfahren vermeiden oder zumindest durch den eigenen Willen entscheidend mitgestalten läßt, wenn hier rechtzeitig vorgesorgt wird. Jeder, der nicht privat mit einer Vorsorgevollmacht, einer Betreuungs- und/oder Patientenverfügung vorsorgt, riskiert, daß Dritte über sein Schicksal, über sein Leben und sein Sterben, gegen oder ohne seinen Willen entscheiden.

Dem gegenüber ermöglicht die Vorsorgevollmacht nebst Patienten- und/oder Betreuungsverfügung ein großes Stück Autonomie und Selbstbestimmung, da mit diesen Instrumenten alle erforderlichen Angelegenheiten und insbesondere die persönliche Lebensgestaltung selbst geregelt werden kann.

Aber auch das Lebensende und insbesondere der eigene Tod ist für viele Menschen ein Tabuthema. Der Gedanke daran wird verdrängt und dementsprechend eine Vorsorge für vermögensrechtliche und persönliche Belange nicht getroffen. Doch zunehmend rückt das Thema, forciert durch alle Medien, in den Blickpunkt der Öffentlichkeit.

Insbesondere die Angst vor einem langsamen Sterben in der annonymen Umgebung eines Krankenhauses aufgrund der den Laien fast unbegrenzt erscheinenden Möglichkeiten der modernen Apparatemedizin im Hinblick auf lebensverlängernde Maßnahmen führen vielen Mitbürgern vor Augen, daß in solchen extremen Situationen ein Vakuum in Bezug auf ihre Selbstbestimmung in persönlichen und aber auch vermögensrechtlichen Angelegenheiten schnell eintreten kann.

So kommt es in der Gesellschaft zu einem verstärkten Nachdenken darüber, wie in Situationen der eigenen Entscheidungsunfähigkeit einerseits eine weitgehende Autonomie für die Regelung persönlicher, die Gesundheitsfürsorge betreffender Angelegenheiten noch erhalten werden kann, andererseits aber nahestehende Menschen vermögensrechtlich auch abgesichert werden können. Die daraus resultierende Einsicht, daß eine rechtzeitige Planung auch unter juristischen Gesichtspunkten erforderlich ist, führt zu einem verstärkten Beratungsbedarf.

Vorliegendes Werk soll dem im Hinblick auf Vorsorgevollmacht, Patientenverfügung und Betreuungsverfügung beratenden Kollegen ein Leitfaden durch die in diesem Zusammenhang bestehenden rechtlichen und praktischen Probleme sein.

Angelbachtal, im Dezember 1999 Jan Bittler

Inhaltsübersicht

Inhaltsverzeichnis 11

§ 1 Vorsorgevollmachten 17

§ 2 Patientenverfügung 75

§ 3 Die Betreuungsverfügung 91

§ 4 Wertvorschriften 111

§ 5 Hinterlegung 115

Literaturverzeichnis 119

Stichwortverzeichnis 121

Inhaltsverzeichnis

§ 1 Vorsorgevollmachten 17

A. Eine kurze Einführung 17
B. Sinn und Zweck der Vorsorgevollmacht 18
I. Vollmachten für vermögensrechtliche Angelegenheiten – Die postmortale und transmortale Vollmacht 18
II. Vorsorgevollmacht für persönliche Angelegenheiten . . . 19
C. Wirksamkeitsvoraussetzungen der Vollmacht 20
I. Vollmachten für vermögensrechtliche Angelegenheiten . . 20
1. Gesetzliche Formvorschriften 20
2. Zeitpunkt des Wirksamwerdens 20
3. Postmortale Vollmacht 21
4. Vollmachten für Grundstücksgeschäfte 22
5. Vollmacht für gesellschaftsrechtliches Handeln 22
6. Die Rechtsscheinswirkung der Vollmachtsurkunde . . . 22
II. Vorsorgevollmacht für persönliche Angelegenheiten . . . 23
1. Gesetzliche Formvorschriften und Wirksamkeit 23
2. Vollmacht mit Entscheidungsbefugnissen für ärztliche Maßnahmen und Unterbringung nach §§ 1904, 1906 BGB 23
D. Inhaltliche Gestaltung der Vorsorgevollmacht 25
I. Auswahl des Bevollmächtigten 25
1. Auswahl des Bevollmächtigten unter dem Aspekt des Erforderlichkeitsgrundsatzes nach § 1896 Abs. 2 S. 2 BGB 25
a) Ungeeignete Personen 25
b) Gesetzlicher Ausschluß bestimmter Personen nach § 1896 Abs. 2 i.V.m. 1897 Abs. 3 BGB 25
2. Auswahl des Bevollmächtigten unter dem Aspekt der Mißbrauchsvermeidung 27
II. Vollmachtstypen zur Regelung des Umfangs der Vertretungsmacht 27
1. General- und Spezialvollmacht 28

2. Doppelbevollmächtigung 28
3. Ersatzbevollmächtigung und Unterbevollmächtigung . 29
4. Vollmacht mit wechselseitiger Einsetzung der Ehegatten 29
III. Befugnisse des Bevollmächtigten bei rechtsgeschäftlichen Angelegenheiten 30
1. Die post- und transmortale Vollmacht 30
2. Sonderfall: Post- und transmortale Kontovollmacht . . 31
3. Vollmacht und Testamentsvollstreckung 32
4. Schenkungsvollzug zu Lasten des Nachlasses durch Vollmacht 33
5. Besonderheiten bei Vor- und Nacherbschaft 34
IV. Befugnisse des Bevollmächtigten bei persönlichen Angelegenheiten 35
1. Rechtliche Grundlagen 35
2. Einwilligung und Versagen von Heilbehandlungen § 1904 BGB 35
3. Einwilligung in den Abbruch von Heilbehandlung bei infauster Prognose nach § 1904 BGB analog 36
a) Bei noch nicht eingesetztem Sterbevorgang 36
b) Bei eingesetztem Sterbevorgang 38
4. Entscheidungen über die Unterbringung § 1906 Abs. 1 BGB 38
5. Entscheidungen über freiheitsentziehende oder -beschränkende Maßnahmen § 1906 Abs. 4 BGB . . . 38
6. Aufenthalts- und Umgangsbestimmung 39
7. Sonstige Wünsche des Vollmachtgebers 40
E. Vollmachtsmißbrauch und Abwehr 40
I. Rechtliche Grundlagen 40
II. Ausgestaltung des Innenverhältnisses 41
1. Grundsätzliches zur Ausgestaltung des Innenverhältnisses 41
2. Probleme aus dem Innenverhältnis 42
a) Innenverhältnis Schenkung 42
aa) Grundprobleme bei von dem Bevollmächtigten vollzogenen Schenkungen 42
bb) Beispielsfall 1 43
(1) Allgemeines zur Beweislastverteilung . . . 43
(2) Beweislastumkehr 43
(3) Die sekundäre Behauptungslast 44

(4) Fallösung 45
cc) Vermutungsregel des § 1006 Abs. 1 BGB . . . 45
dd) Schenkungsvermutung nach §§ 685 Abs. 2, 1620 BGB 46
ee) Beispielsfall 2 47
b) Innenverhältnis Auftrag 48
aa) Grundprobleme bei einer Auftragserteilung im Innenverhältnis 48
bb) Beispielsfall 3 49
III. Widerruf der Vollmacht 50
1. Rechtliche Grundlagen 50
2. Beispielsfall 4 51
3. Widerruf und Rechtsscheinswirkung der Vollmacht gem. § 172 BGB 52
IV. Kontrollbetreuer nach § 1896 Abs. 3 BGB 53
V. Rechtsgeschäftliche Beschränkung 54
VI. Die Doppelvollmacht 54
F. Die Grenzen der Vollmachten 55
I. Grundsätzliches 55
II. Die Grenzen im rechtsgeschäftlichen Bereich 56
III. Die Grenzen von Vollmachten im persönlichen Bereich . . 56
G. Die Haftung des Bevollmächtigten und des Vollmachtgebers . 57
H. Vor- und Nachteile der Vorsorgevollmacht 58
I. Vorteile 58
II. Nachteile 59
I. Gestaltungsformen 60
I. Gestaltungsgrundsätze 60
II. Muster 60
1. Generalvollmacht für vermögensrechtliche und persönliche Angelegenheiten des Vollmachtgebers (mit Vorschlag für evtl. Kontrollbetreuer) 60
2. Vollmacht mit wechselseitiger Einsetzung der Ehegatten 64
3. Vorsorgevollmacht mit Kontrollmechanismus / Doppelvollmacht 65
4. Vollmacht zur Regelung der persönlichen Angelegenheiten 66
5. Notarielle Vorsorgevollmacht und Auftrag 68
6. Einzelvollmacht – Transmortale Vollmacht und Schenkung 72

7. Einzelvollmacht – Postmortale Vollmacht zur Grundstücksauflassung . . . 73

§ 2 Patientenverfügung . . . 75

A. Sinn und Zweck einer Patientenverfügung . . . 75
B. Voraussetzungen der Patientenverfügung . . . 76
C. Form und Aufbewahrung der Patientenverfügung . . . 77
I. Form . . . 77
II. Aufbewahrung . . . 78
D. Bindungswirkung der Patientenverfügung . . . 78
E. Widerruf der Patientenverfügung . . . 81
F. Inhalt . . . 82
I. Grundsätze . . . 82
II. Wunsch nach Behandlungsabbruch bei infauster Prognose 82
1. Verlangen nach aktiver Sterbehilfe . . . 82
2. Hilfe im Sterben durch Schmerzlinderung ohne lebensverkürzendes Risiko . . . 83
3. Gezielte Schmerzlinderung mit ggfs. lebensverkürzender Auswirkung . . . 83
4. Sterbenlassen durch Verzicht auf lebensverlängernde Maßnahmen . . . 83
5. Muster einer Patientenverfügung mit Wunsch nach Behandlungsabbruch bei infauster Prognose . . . 84
6. Muster einer Patientenverfügung mit Wunsch nach Maximalbehandlung bei infauster Prognose . . . 86
G. Patientenverfügung in Kombination mit Betreuungsverfügung oder Vorsorgevollmacht . . . 88
H. Fallgruppen . . . 89
I. Fallgruppe . . . 89
1. Sachverhalt . . . 89
2. Rechtliche Beurteilung . . . 89
II. Fallgruppe . . . 89
1. Sachverhalt . . . 89
2. Rechtliche Beurteilung . . . 89
III. Fallgruppe . . . 90
1. Sachverhalt . . . 90
2. Rechtliche Beurteilung . . . 90

§ 3 Die Betreuungsverfügung 91

A. Allgemeines 91
B. Betreuungsverfügung in Abgrenzung zur Vorsorgevollmacht . 92
C. Formvorschriften und Aufbewahrung 93
I. Form 93
II. Aufbewahrung 94
D. Inhalt 94
I. Grundsätzliches 94
II. Auswahl des Betreuers 94
III. Art und Weise der Betreuung 96
E. Bindungswirkung einer Betreuungsverfügung 96
I. Selbstbindung des Betreuten und Widerrufsmöglichkeit . . 96
II. Bindung des Vormundschaftgerichts 97
1. Bindung an den Betreuervorschlag 97
2. Bindung an Wünsche zur Ausgestaltung des Betreuungsverhältnisses 98
3. Bindung des Betreuers 99
F. Befugnisse des Betreuers 100
I. Rechtliche Grundlagen 100
II. Befugnisse bei gleichzeitiger Geschäftsfähigkeit des Betreuten 101
III. Ende der Betreuerbestellung 101
G. Kontrolle und Genehmigungsvorbehalte des Vormundschaftsgerichts 102
I. Kontrolle 102
II. Genehmigungsvorbehalte 103
1. Genehmigungsvorbehalt nach § 1904 Abs. 1 BGB . . . 103
2. Genehmigungsvorbehalt nach § 1904 Abs. 1 BGB bei Einwilligung in den Abbruch von Heilbehandlung bei infauster Prognose 103
3. Genehmigungsvorbehalt nach § 1906 Abs. 4 BGB . . . 104
4. Erforderlichkeit der Einholung einer vormundschaftsgerichtlichen Genehmigung nach §§ 1904, 1904 analog, 1906 BGB bei vorhandener Patientenverfügung 105
5. Genehmigungsvorbehalt nach § 1907 Abs. 1, 3 BGB . . 105
6. Genehmigungsvorbehalt nach § 1908 BGB 106
7. Genehmigungsvorbehalt nach §§ 1908 i Abs. 2, 1804 BGB 106

H. Muster Betreuungsverfügung 106
I. Ungeteilte Betreuungsverfügung 106
II. Muster einer geteilten Betreuungsverfügung 108
I. Kombination von Betreuungsverfügung und Vorsorgevollmacht 109

§ 4 Wertvorschriften 111

A. Allgemeines 111
B. Wertermittlung 111
I. Die unbeschränkte Generalvollmacht 111
II. Die Spezialvollmacht 112
III. Vollmacht zur Regelung persönlicher Angelegenheiten . . 112
IV. Patientenverfügung 112
C. Gebührenermittlung 112
D. Honorarvereinbarung 113

§ 5 Hinterlegung 115

Literaturverzeichnis 119

Stichwortverzeichnis 121

§ 1 Vorsorgevollmachten

A. Eine kurze Einführung

Mit dem am 01.01.1992 in Kraft getretenen Betreuungsgesetz ist insbesondere die für die kautelarjuristische Praxis bedeutende Vorschrift des § 1896 Abs. 2 Satz 2 BGB in den Blickpunkt geraten: 1

§ 1896 Abs. 2 Satz 2 BGB gab fortan die Möglichkeit, für den zukünftigen Fall eigener Geschäftsunfähigkeit oder auch bloßer Hilfsbedürftigkeit eine dritte Person auf rechtsgeschäftlicher Grundlage zur Wahrnehmung seiner eigenen Angelegenheiten zu bevollmächtigen.

Dieses Vollmachtsinstitut wird meist als Vorsorgevollmacht bezeichnet. Durch eine solche Vollmacht wird das Selbstbestimmungsrecht des Betroffenen eindeutig gestärkt, die Bestellung eines Betreuers kann verhindert werden.

Das Betreuungsgesetz ermöglicht dem Betreuten somit die Erhaltung seiner Privatautonomie und gibt ihm ein Instrument zur Regelung seiner Wünsche vorrangig vor einem staatlichen Eingreifen durch Bestellung eines Betreuers.

Lange Zeit war streitig, ob eine Vorsorgevollmacht auch für den Bereich der persönlichen Angelegenheiten und Gesundheitsangelegenheiten rechtliche Wirkung entfaltet. 2

Durch das am 01.01.1999 in Kraft getretene Betreuungsrechtsänderungsgesetz wurde diesbezüglich Rechtsklarheit und -sicherheit geschaffen. Der Gesetzgeber hat hier durch die Neuregelung der §§ 1904, 1906 BGB im Hinblick auf die Vorsorgevollmacht diese Frage nunmehr zugunsten der Vorsorgevollmacht entschieden.

Leider aber in der Form, daß anstelle der autonomen Gestaltungsmöglichkeit in Gesundheitsfragen durch eine Vorsorgevollmacht Maßnahmen nach § 1904 BGB und § 1906 BGB der vormundschaftgerichtlichen Genehmigung bedürfen. Dies dürfte die Vorsorgevollmacht in Fällen unattraktiv machen, in denen sich der Vollmachtgeber zur Erteilung einer umfassenden Vollmacht gerade mit dem Ziel entschlossen hat, sich jeglicher Einmischung des Staates im

Falle seiner späteren Betreuungsbedürftigkeit zu entziehen.[1] Denn dies ist mit Neuregelung der §§ 1904, 1906 BGB nunmehr gerade nicht möglich.

B. Sinn und Zweck der Vorsorgevollmacht

I. Vollmachten für vermögensrechtliche Angelegenheiten – Die postmortale und transmortale Vollmacht

3 Mit der Testamentserrichtung sind oftmals nicht alle Vorsorgemaßnahmen für den Todesfall getroffen, die erforderlich sind. Die Überlastung der Gerichte und Streitigkeiten unter den Erben führen nicht selten dazu, daß über den Nachlaß bis zu einem halben Jahr oder länger nach dem Erbfall nicht verfügt werden kann. Grund hierfür ist, daß kein Erbschein vorliegt oder die Erben als Parteien im Erbscheinsverfahren streiten.[2]
Zwar besteht die Möglichkeit, per letztwilliger Verfügung einen Testamentsvollstrecker einzusetzen, doch dauert es auch hier vier bis fünf Monate, bevor ein Testamentsvollstreckerzeugnis erteilt wird.

4 Die Problemlösung liegt in der Erteilung entweder einer postmortalen Vollmacht, d.h. einer Vollmacht, die erst mit dem Tod wirksam wird, oder einer transmortalen Vollmacht, d.h. einer Vollmacht, die über den Tod hinaus gilt.

Der Vorzug der Erteilung einer Vollmacht besteht nun darin, daß der Bevollmächtigte sofort mit Eintritt des Erbfalles handeln kann. Dies sichert die kontinuierliche Vermögensverwaltung bis zu der Erteilung des Erbscheins oder der Erteilung eines Testamentsvollstreckerzeugnisses.

So ist gewährleistet, daß Verbindlichkeiten in Zusammenhang mit der Beerdigung vom Nachlaß beglichen werden können und auch die Verwaltung von Wertpapierdepots und anderen Vermögensteilen des Erblassers effektiv weiterbetrieben werden kann.

Somit ist es sinnvoll, ab Zeitpunkt des Erbfalles bis zur Erbscheinserteilung bzw. Erteilung eines Testamentsvollstreckerzeugnisses einem Erben oder einer sonstigen geeigneten Vertrauensperson eine postmortale Vollmacht zu erteilen.

1 Vgl. hierzu *Müller,* Auswirkungen des Betreuungsrechtsänderungsgesetzes auf die Vorsorgevollmacht in Angelegenheiten der Personensorge, DNotZ 1999, 107 ff.
2 Vgl. hierzu *Kerscher/Tanck/Krug,* Das erbrechtliche Mandat, § 2 Rn 338.

Bevollmächtigter kann selbstverständlich gegebenenfalls auch der Testamentsvollstrecker sein.

Mit einer transmortalen Vollmacht kann zudem für den Fall einer vorübergehenden oder dauerhaften Handlungs- und Hilfsbedürftigkeit zu Lebzeiten des Vollmachtgebers der Gefahr einer mangelhaften Vermögensverwaltung begegnet und die finanzielle Sicherheit der Familienangehörigen gewährleistet werden. **5**

II. Vorsorgevollmacht für persönliche Angelegenheiten

Ist der Einzelne aufgrund einer psychischen Krankheit oder Behinderung oder aufgrund von Altersverwirrtheit nicht mehr in der Lage, über seine persönlichen Angelegenheiten zu entscheiden, wird ihm hierfür als gesetzlichen Vertreter ein Betreuer bestellt. Wurde keine Vorsorgevollmacht vorab verfaßt, ggfs. in Verbindung mit einer Patienten- und einer Betreuungsverfügung, besteht somit die Gefahr, daß zukünftig Behörden, Gerichte und Berufsbetreuer anstelle eines persönlichen Vertrauten über die Lebensgestaltung des Betroffenen entscheiden. **6**

Demgegenüber ermöglicht die Vorsorgevollmacht dem einzelnen ein weiteres Stück privater Autonomie und Selbstbestimmung, da er mit diesem Instrument durch die Bestimmung einer Vertrauensperson als Bevollmächtigtem bereits im Vorfeld einer etwaigen Betreuungsbedürftigkeit alle erforderlichen Angelegenheiten und insbesondere seine persönliche Lebensgestaltung selbst regeln kann. **7**

Zudem kommt es durch das Instrument der Vorsorgevollmacht zu einer Entlastung der Vormundschaftsgerichte, da die Zahl der erforderlich werdenden Betreuerbestellungen eingeschränkt wird. Allerdings nur partiell, da der Gesetzgeber in § 1904 Abs. 2 BGB und in § 1906 Abs. 5 BGB das Erfordernis einer vormundschaftsgerichtlichen Genehmigung für die hier geregelten Maßnahmen auch für den Bevollmächtigten eingeführt hat. **8**

C. Wirksamkeitsvoraussetzungen der Vollmacht

I. Vollmachten für vermögensrechtliche Angelegenheiten

1. Gesetzliche Formvorschriften

9 Die Vollmacht kann grundsätzlich formfrei erteilt werden, vgl. §§ 167, 168 BGB.[3]

Der Vollmachtgeber muß im Zeitpunkt der Abfassung der Vollmacht geschäftsfähig sein.

Zwar ist bei Geschäften des alltäglichen Lebens die Erteilung einer schriftlichen Vollmacht entbehrlich, da der Bevollmächtigte in aller Regel nach außen hin in eigenem Namen auftritt. Dennoch ist im Interesse der Rechtssicherheit und insbesondere auch im Hinblick auf eine Akzeptanz im Rechtsverkehr eine schriftliche Vollmachtserteilung stets zu empfehlen.

Nicht erforderlich aber im Hinblick auf Fragen zu der Geschäftsfähigkeit des Vollmachtgebers sinnvoll ist das Mitunterzeichnen der Vollmacht durch einen Zeugen.

10 Bei umfangreicheren Vollmachten spricht ein erhöhter Beweiswert im Hinblick auf die zu vermutende Geschäftsfähigkeit des Vollmachtgebers sowie die Bank- und Grundbuchtauglichkeit für eine notarielle Beurkundung.

2. Zeitpunkt des Wirksamwerdens

11 Grundsätzlich wird eine Vollmacht mit Erstellung wirksam.
Da eine Vorsorgevollmacht an sich erst eine in der Zukunft eintretende Versorgungsbedürftigkeit regeln will, ist zu überlegen, ob die Vollmacht erst mit Eintritt dieser Situation Wirksamkeit erlangen soll.[4]

12 Verschiedene Modelle sind denkbar:

- Wirksamkeit erst mit Vorlage eines ärztlichen Attests über Versorgungsbedürftigkeit oder Geschäftsunfähigkeit des Vollmachtgebers
- bei notarieller Vorsorgevollmacht wird der Notar angewiesen, Ausfertigun-

3 Im Bereich der Kontovollmachten akzeptieren viele Banken nur Vollmachten, die unter Verwendung der bankeigenen Vollmachtsformulare erstellt werden. Dies sollte vorab vom Vollmachtgeber in Erfahrung gebracht werden.

4 Vgl. *Limmer,* Die Vorsorgevollmacht unter Berücksichtigung des Betreuungsrechtänderungsgesetzes, ZNotP 1998, 322ff.

gen erst nach Vorlage eines oder mehrerer Atteste über die Versorgungsbedürftigkeit bzw. Geschäftsunfähigkeit des Vollmachtgebers zu erteilen.[5]

Nachteil dieser Modelle ist, daß im Außenverhältnis eventuell unklar bleibt, **13**
ob die Vollmacht wirksam ist.[6] Es tritt ein Vakuum in der Versorgung des Vollmachtgebers ein, bis der Bevollmächtigte über die Vollmacht verfügen kann. Denn die Schwierigkeit besteht in der Praxis gerade auch darin, die Bedingung festzustellen, von deren Eintritt die Wirksamkeit der Vollmacht abhängt. Somit ist von der Erteilung einer Vollmacht unter einer der vorgenannten Bedingungen abzuraten.[7]

Will der Vollmachtgeber aus Sicherungsgründen dennoch erreichen, daß der **14**
Bevollmächtigte nicht über die Vollmacht verfügt, solange er als Vollmachtgeber selbst noch handlungsfähig ist, bleibt folgende Möglichkeit:[8]
Es wird ein vertrauenswürdiger Dritter, bspw. der Hausarzt zwischengeschaltet, der die Vollmachtsurkunde dem Bevollmächtigten erst mit Eintritt der Versorgungsbedürftigkeit oder Geschäftsunfähigkeit aushändigt.

3. Postmortale Vollmacht

Die postmortale Vollmacht wird erst mit dem Tod des Vollmachtgebers wirk- **15**
sam. Es handelt sich um eine Vollmacht, die unter Lebenden erteilt worden ist, aber erst mit dem Tode des Vollmachtgebers wirksam werden soll.

Da die Vollmacht erst mit dem Tod des Vollmachtgebers wirksam wird, hat der Bevollmächtigte den Tod des Vollmachtgebers nachzuweisen. Die Vorlage der Sterbeurkunde ist hier das geeignete Mittel.[9]

Bei einer postmortalen Vollmacht ist es möglich, diese mit in die Verfügung von Todes wegen aufzunehmen; aus Beweisgründen und zur Vorlage beim Grundbuchamt oder bei Banken sollte sie aber in einer gesonderten Urkunde erteilt und nach Möglichkeit notariell beurkundet werden. Für die postmortale Auflassungsvollmacht gilt hierbei § 29 GBO.

5 Vgl. hierzu *Perau,* Betreuungsverfügung und Vorsorgevollmacht, MittRhNotK Heft 10 1996, 297.

6 *Walter,* Das Betreuungsrechtsänderungsgesetz und das Rechtsinstitut der Vorsorgevollmacht, FamRZ 1999, 685, 686.

7 Vgl. *Limmer,* ZNotP 1998, 322 ff.; *Wolfsteiner,* NJW 1996, 2417 f.

8 Weitere Sicherungsmittel gegen einen Vollmachtsmißbrauch vgl. § 1 Rn 78 ff.

9 Banken bestehen in aller Regel auf Vorlage der Sterbeurkunde im Original, Kopien und vom Rechtsanwalt beglaubigte Kopien werden nicht akzeptiert.

4. Vollmachten für Grundstücksgeschäfte

16 Die Vollmacht zum Abschluß eines nach § 313 BGB formbedürftigen Vertrages ist gem. § 167 Abs. 2 BGB grundsätzlich formfrei. Zu beachten ist aber, daß die Vollmacht für die Abwicklung von Grundstücksgeschäften dann formbedürftig nach § 313 BGB ist, wenn diese unwiderruflich erteilt wurde,[10] da sie bereits eine bindende Verpflichtung zum Erwerb oder der Veräußerung eines Grundstücks darstellt.

17 Gleiches gilt für eine widerrufliche Vollmacht dann, wenn sie eine rechtliche oder tatsächliche Bindung des Vollmachtgebers zu einem Grundstücksgeschäft begründet.[11]

5. Vollmacht für gesellschaftsrechtliches Handeln

18 Stets zu beachten sind bei Vollmachtserteilung zu gesellschaftsrechtlichem Handeln die Formvorschriften der §§ 134 III, 135 AktG, § 2 II GmbHG.

6. Die Rechtsscheinswirkung der Vollmachtsurkunde

19 Nach § 172 Abs. 1 BGB entfaltet eine dem Bevollmächtigten schriftlich erteilte Vollmacht ihre Wirkung mit Vorlage gegenüber dem Geschäftspartner. Dieser darf auf den Inhalt der Vollmacht vertrauen, unabhängig vom wahren Bestand derselben. Es handelt sich hier um eine gesetzliche Rechtsscheinshaftung, die an das bewußte Inverkehrbringen der Vollmachtsurkunde durch den Vollmachtgeber anknüpft.[12]

Voraussetzung ist nach ständiger Rechtsprechung,[13] daß die den Rechtsschein erzeugende Vollmachtsurkunde selbst, also in Urschrift oder – bei notariell beurkundeter Vollmacht wegen §§ 45, 47 BeurkG[14] – in Ausfertigung dem Vertreter ausgehändigt und dem Dritten vorgelegt wird.[15] Fotokopien, einfache und selbst beglaubigte Abschriften genügen nicht, da sie in unbeschränkter Zahl gefertigt werden können, zumindest nach h.M.[16] nicht der Rückgabe-

10 *Palandt/Heinrichs,* § 313 Rn 20.
11 *Palandt/Heinrichs,* § 313 Rn 21.
12 *Schramm,* MüKo, §172 Rn 4.
13 BGH NJW 1980, 698; NJW 1988, 697; NJW 1997, 312.
14 Zu Problemen der Ausfertigung notarieller Vorsorgevollmachten vgl. *Waldner/Mehler,* Probleme des § 172 BGB, insbesondere bei der Vorsorgevollmacht, MittBayNot 1999 S. 261 ff.
15 *Schramm,* MüKo, §172 Rn 8.
16 BGH NJW 1988, 679.

pflicht nach § 175 BGB unterliegen und nichts über den Verbleib der Urschrift und den Fortbestand der Vollmacht besagen.[17]

II. Vorsorgevollmacht für persönliche Angelegenheiten

1. Gesetzliche Formvorschriften und Wirksamkeit

Zunächst gilt auch hier, daß die Vorsorgevollmacht formlos erteilt werden 20
kann.[18] Das Gesetz verlangt keine spezifische Form für die Vollmacht. Grundsätzlich würde danach jede Vollmacht genügen, die erkennen läßt, daß die persönlichen Angelegenheiten des Vollmachtgebers durch den Bevollmächtigten besorgt werden sollen. Gem. § 1896 Abs. 2 S. 2 BGB wäre eine Betreuerbestellung dann subsidiär.

Erforderlich für eine wirksame Vollmachtserteilung ist die Geschäftsfähigkeit des Vollmachtgebers bei Erteilung der Vollmacht.[19]

Soll die Bevollmächtigung der Vermeidung einer Betreuerbestellung dienen, darf sie im Bedarfsfalle nicht wieder erloschen sein.[20] Ihre Wirksamkeit verliert die Vollmacht nicht dadurch, daß der Vollmachtgeber zu einem späteren Zeitpunkt nicht mehr geschäftsfähig ist.

2. Vollmacht mit Entscheidungsbefugnissen für ärztliche Maßnahmen und Unterbringung nach §§ 1904, 1906 BGB

Umfaßt die Vollmacht aber auch die Entscheidungsbefugnis zur Einwilligung 21
des Bevollmächtigten in Untersuchungen des Gesundheitszustandes, eine Heilbehandlung oder einen ärztlichen Eingriff mit der begründeten Gefahr, daß der Betreute auf Grund der Maßnahme stirbt oder einen schweren und länger dauernden gesundheitlichen Schaden erleidet oder auch in Unterbringung verbunden mit Freiheitsentziehung, so bedarf nach § 1904 Abs. 2 BGB

17 Vgl. hierzu auch *Waldner/Mehler,* MittBayNot 1999 S. 261 ff.

18 MüKo, §167 Rn 25: „Wenn die Bevollmächtigung keiner Form bedarf, kann sie auch durch schlüssiges Handeln erfolgen.“

19 OLG Stuttgart, FamRZ 1994, S. 1417, 1418; anders aber bei der Einwilligung in einzelne freiheitsbeschränkenden Maßnahmen; hier kann es ausreichen, wenn eine natürliche Einsichtsfähigkeit vorliegt. In der Literatur wird daher teilweise die Auffassung vertreten, die natürliche Einsichtsfähigkeit sei ausreichend, um eine wirksame Vorsorgevollmacht, die sich lediglich auf die Einwilligung in Rechtsgutverletzungen beschränkt, abfassen zu können. vgl. insoweit *Bienwald,* Betreuungsrecht, § 1896 Rn 109.

20 BayObLG, FamRZ 1993, 1249.

und § 1906 Abs. 5 BGB die Bevollmächtigung der schriftlichen Form.[21] Mit dieser Neuregelung des Betreuungsrechtsänderungsgesetzes soll erreicht werden, daß Vorsorgevollmachten in Angelegenheiten der Personensorge i.e.S. nicht voreilig erteilt werden.[22]

22 Bei der Feststellung, ob die Vollmacht auch die Übertragung der Entscheidungsbefugnisse über freiheitsbeschränkende Maßnahmen und Maßnahmen der Gesundheitssorge umfaßt, ist nach Ansicht vieler Gerichte nach einem engen Maßstab zu beurteilen, der keinen Zweifel an der Reichweite der Vollmacht läßt. Hinreichend sicher, daß der Betroffene die Vollmacht gerade auch diesbezüglich erteilen wollte, ist es nur, wenn sich der Entschluß spezifisch aus der Vollmacht ergibt. Bei einem allgemeinen Vollmachtstext läßt sich dabei nicht ausschließen, daß der Betroffene an diese Tragweite und Folge der Vollmacht nicht gedacht und diese Entscheidung daher nicht bewußt so getroffen hat.[23]

23 Eine notariell beurkundete Vollmacht, die es dem Vertreter gestattet, den Vollmachtgeber „in allen persönlichen und vermögensrechtlichen Angelegenheiten zu vertreten", ist in der Aussage zu pauschal und zeigt nicht, ob sich der Betroffene bei Abgabe der Erklärung bewußt war, welche weitreichenden Maßnahmen der Vertreter für ihn treffen kann. Aufgrund ihrer Unbestimmtheit ist die Vollmacht unwirksam. Dies führt dazu, daß in einem solchen Fall die Anordnung einer Betreuung und die möglicherweise folgenden Genehmigungen von freiheitsbeschränkenden Maßnahmen über die Rechtsfigur der Betreuung erforderlich und zulässig sind.

24 Daher ist es anders als bei vermögensrechtlichen Vollmachten dringend geboten, nicht bloß eine abstrakte Formulierung zu wählen, sondern die einzelnen Bereiche so gegenständlich wie möglich zu beschreiben.[24] Dabei empfiehlt sich eine enge Anlehnung an die gesetzliche Wortwahl bzw. die wörtliche Übernahme, um in aller Deutlichkeit sicherzustellen, daß der Betroffene bewußt und gewollt gerade auch in diesem Punkt Vollmacht geben wollte.[25] Nicht ausreichend ist demgegenüber, lediglich auf die §§ 1904, 1906 BGB in der Vollmachtsurkunde zu verweisen. Hier besteht ansonsten die Gefahr, daß die Vollmacht nicht als hinreichende Grundlage dient, in Maßnahmen nach §§ 1904, 1906 BGB einzuwilligen, so daß hier dann die Bestellung eines Betreuers erforderlich wird.[26]

21 Vgl. auch *Limmer*, ZNotP 1998, 322ff.; *Müller*, DNotZ 1999, 107ff.
22 BT-Drucks. 13/7158, 34.
23 Vgl. LG Krefeld, MittRhNotK Heft 1–2 1998, 17; OLG Stuttgart, FamRZ 1994, 1417f.
24 Ausführlich zu diesem Problemkreis: *Müller*, DNotZ 1999, 107ff.
25 *Müller*, DNotZ 1999, 107ff.; *Limmer*, ZNotP 1998, 322ff.
26 OLG Stuttgart, FamRz 1994, 1417f., mit Anmerkung von *Bühler*, BWNotZ 3/94, 68f.

Insbesondere ist zu beachten, daß selbst eine umfassende Bevollmächtigung zur Vornahme von Rechtsgeschäften den Bevollmächtigten gerade nicht zur Vertretung des Vollmachtgebers in den Bereichen Gesundheitssorge und Bestimmung des Aufenthalts berechtigt.[27] 25

D. Inhaltliche Gestaltung der Vorsorgevollmacht

I. Auswahl des Bevollmächtigten

1. Auswahl des Bevollmächtigten unter dem Aspekt des Erforderlichkeitsgrundsatzes nach § 1896 Abs. 2 S. 2 BGB

a) Ungeeignete Personen

Der Bevollmächtigte muß als solcher geeignet sein, den Vollmachtgeber zu vertreten. Denn nach § 1896 Abs. 2 S. 2 BGB ist die Betreuung nur dann subsidiär, soweit die Angelegenheiten durch einen Bevollmächtigten ebensogut besorgt werden können. Ist der Bevollmächtigte zu einer Regelung der Angelegenheiten ungeeignet, kann eine Betreuung aus diesem Grund erforderlich werden. 26

Dem Vormundschaftsgericht stehen bei der Überprüfung, ob eine Betreuung erforderlich ist, nur objektive Kriterien zur Verfügung.[28] Die Interessen des Vollmachtgebers müssen konkret verletzt sein. Bloße Zweifel am Charakter oder den intellektuellen Kapazitäten der Fürsorgeperson, auch wenn sie nach ihrem bisherigen Lebenslauf berechtigt sein mögen, können nicht zur Erforderlichkeit der Betreuung führen. Der Bevollmächtigte wurde schließlich vom Vollmachtgeber freiwillig ausgesucht. 27

Ungeeignet ist ein Bevollmächtigter, wenn er geschäftsunfähig ist. Dann wird eine Betreuung erforderlich.

b) Gesetzlicher Ausschluß bestimmter Personen nach § 1896 Abs. 2 i.V.m. 1897 Abs. 3 BGB

Strittig ist, ob gem. § 1896 Abs. 2 i.V.m. §1897 Abs. 3 BGB als Bevollmächtigte alle Personen ausscheiden, die zu einer Anstalt, einem Heim oder einer 28

27 OLG Düsseldorf, MittRhNotK Heft 1–2 1998, 16.
28 *Walter*, FamRZ 1999, 688.

sonstigen Einrichtung, in welcher der Vollmachtgeber untergebracht ist oder wohnt, in einem Abhängigkeitsverhältnis oder in einer engen Beziehung stehen.

29 § 1896 Abs. 3 BGB normiert den grundsätzlichen Vorrang der Bevollmächtigung vor der Betreuerbestellung auf die Fälle, in denen die in § 1897 Abs. 3 BGB genannten Personen nicht Bevollmächtigter werden. Anders als in § 1897 Abs. 3 BGB wurde in § 1896 Abs. 3 BGB nicht formuliert, dieser Personenkreis dürfe nicht zum Bevollmächtigten ernannt werden. Somit kann nicht davon ausgegangen werden, der in § 1897 Abs. 3 BGB genannte Personenkreis sei absolut davon ausgeschlossen, zum Bevollmächtigten ernannt zu werden bzw. eine solche Vollmacht sei generell unwirksam.

30 Ist eine Person aus dem in § 1897 Abs. 3 BGB genannten Personenkreis Bevollmächtigter des Volljährigen, muß das Vormundschaftsgericht nicht zwingend einen Betreuer bestellen, vielmehr kann es auch hier die Erforderlichkeit der Betreuerbestellung verneinen.[29] Ob von der Bestellung eines Betreuers abgesehen werden kann, ist im Zeitpunkt der Betreuungsbedürftigkeit zu überprüfen. Kommt das Gericht zu dem Ergebnis, daß die Bevollmächtigung den Interessen des Vollmachtgebers nicht zuwiderläuft, wird eine Betreuerbestellung nicht erforderlich sein.[30]

Grundsätzlich kann daher auch eine in § 1897 Abs. 3 BGB genannte Person zum Bevollmächtigten ernannt werden.

31 Im Einzelfall kann die Vollmacht dann nichtig sein, wenn sich die Heimleitung routinemäßig und in einem größeren Umfang als mit den Interessen des Heimes zu vereinbaren wäre, Vollmachten erteilen und noch dazu die Aufnahme in das Heim von der Erteilung der Vollmacht abhängig macht und diesbezüglichen Druck ausübt.

Gleiches muß für den Fall der Erteilung einer unwiderruflichen Vollmacht, insbesondere einer Generalvollmacht gelten oder wenn jegliche Kontrollen ausgeschlossen sind.[31]

29 *Bienwald,* Betreuungsrecht, § 1896 Rn 114, unter Berufung auf Regierungsentwurf BT.-Drucks. 13/7158, 33; vgl. hierzu auch *Walter,* FamRZ 1999, 688, 689, wonach eine Betreuung dann erforderlich ist, wenn sich der Vollmachtgeber unkontrolliert in die Hände institutionell, sozial und psychologisch Überlegener begeben würde.

30 *Bienwald,* Betreuungsrecht, § 1896 Rn 116.

31 *Bienwald,* Betreuungsrecht, § 1896 Rn 115; vgl. hierzu auch *Walter,* FamRz 1999, 688.

2. *Auswahl des Bevollmächtigten unter dem Aspekt der Mißbrauchsvermeidung*

Dem Mißbrauch der Vollmacht wird am besten durch eine sorgfältige Auswahl des Bevollmächtigten vorgebeugt. 32

Gerade die Auswahl des Bevollmächtigten muß überaus sorgfältig erfolgen, wobei der Bevollmächtigte eine absoluteVertrauensperson sein soll, damit die Erfüllung des Willens des Vollmachtgebers gewährleistet ist.

Grundvoraussetzung für einen geeigneten Bevollmächtigten sind:

- ein gegenseitiges und schon über einen längeren Zeitraum bestehendes Vertrauensverhältnis zwischen Vollmachtgeber und Bevollmächtigtem
- insbesondere bei Vollmachten im persönlichen Bereich: Kenntnis und Verständnis der Grundeinstellung und der Wünsche des Vollmachtgebers
- insbesondere bei Vollmachten im persönlichen Bereich: Fähigkeit und Zeit, die Wünsche des Vollmachtgebers gegenüber Dritten, insbesondere gegenüber Ärzten und Vormundschaftgericht vertreten zu können.

Dabei ist aber auch zu beachten, daß es bei einem Bevollmächtigten, der verwandtschaftliche oder freundschaftliche Bindung zum Vollmachtgeber hat, in gewissen Entscheidungssituationen unter Umständen zu Konflikten mit eigenen Bedürfnissen und Interessen kommen kann. 33

Sollten hier bereits Probleme dahingehend auftauchen, daß keine geeignete Person gefunden werden kann, sollte von einer Generalbevollmächtigung auf alle Fälle abgeraten werden.

Insoweit ist dann der juristische Berater gefragt, bei weitestgehender Autonomie des Vertretenen und bestmöglicher Absicherung die optimale Vollmachtslösung zumindest für Teilbereiche des Alltags zu erarbeiten und andere Aufgabenbereiche einem gerichtlich zu bestellenden Betreuer zu überlassen, wobei die dabei bestehende Möglichkeit der Betreuungsverfügung beachtet werden muß. 34

II. Vollmachtstypen zur Regelung des Umfangs der Vertretungsmacht

Der Umfang der Vertretungsmacht richtet sich nach den Anordnungen des Vollmachtgebers. Die Vertretungsmacht kann nicht mehr Angelegenheiten als bei einer entsprechenden Betreuerbestellung umfassen. 35

Höchstpersönliche Rechtsgeschäfte wie Eheschließung, Testamentserrichtung und Wahlrecht sind auf einen Vertreter nicht übertragbar.

In der Grundstruktur sind die folgenden Vollmachtsregelungen zu unterscheiden:

1. General- und Spezialvollmacht

Eine Vollmacht kann nur für bestimmte Rechtsgeschäfte aber auch als Generalvollmacht erteilt werden.

36 Lediglich im Rahmen der rechtsgeschäftlichen Vollmachten erscheint eine Einzelvollmacht bspw. als Kontovollmacht sinnvoll. Wird dagegen eine Vorsorge dahingehend angestrebt, eine Betreuerbestellung zu vermeiden, erscheint allein eine Generalvollmacht hierzu geeignet.[32] Andernfalls besteht die Gefahr, daß seitens des Vormundschaftsgerichts ein Betreuer bestellt wird, wenn Maßnahmen erforderlich werden, die von der Vollmacht nicht erfaßt sind.

2. Doppelbevollmächtigung

37 Im Falle der Verhinderung des Bevollmächtigten ist die Kontinuität der Versorgung des Betreuungsbedürftigen in Frage gestellt, möglicherweise wird sogar die Bestellung eines Betreuers erforderlich.

38 Als mögliche Lösung bietet sich für diesen Fall an, eine Doppelvollmacht derart zu erteilen, daß beiden Vertretern dieselben Aufgaben übertragen werden.[33] Dann können beide Bevollmächtigte jeweils unabhängig von einander handeln. In der Vollmacht ist dabei die Anordnung möglich, daß bei Meinungsverschiedenheiten die Entscheidung einem bestimmten Vertreter obliegt. Bei Erteilung einer Generalvollmacht zugunsten zweier Vertreter ist zu bedenken, daß die Vertreter sich gegenseitig die Vollmacht entziehen können. Daher sollte das Recht zum Widerruf der Vollmacht in der Vollmachtsurkunde geregelt und ggfs. ausgeschlossen sein.

39 Die Doppelvollmacht mit wechselseitiger Kontrolle im Innenverhältnis ist, soweit zwei geeignete Vertreter vorhanden sind, grundsätzlich zu empfehlen. Dabei sind die Details der Vollmachtserteilung nach dem jeweiligen Einzelfall abzustimmen. Als Grundmodell empfiehlt sich eine umfassende Bevollmächtigung beider Vertreter, um bei Verhinderung eines Vertreters eine hinreichende Betreuung, auch ohne Unterbevollmächtigung, sicherzustellen. Im

32 *Perau*, MittRhNotK Heft 10, 1996, 297.
33 *Tanck/Kerscher/Krug*, Das erbrechtliche Mandat, § 2 Rn 672.

Innenverhältnis sollten allerdings zur Vermeidung von Konflikten die jeweiligen Zuständigkeiten geregelt sein.

Dabei hat die Doppelbevollmächtigung neben dem Vorteil der Kontinuität der Vertretung des Vollmachtgebers als weiteren Vorteil die dadurch mögliche Arbeitsteilung der Bevollmächtigten sowie den der gegenseitigen Kontrolle der Vertreter. Durch ein Vier-Augen-Prinzip wird hier eine gegenseitige Überwachung gewährleistet, da jeder Bevollmächtigte die Rechte aus dem Grundverhältnis gegenüber dem anderen ausübt. Diese Gestaltung entspricht somit einer Überwachungsbetreuung, ohne daß jedoch ein ggfs. annonymer Überwachungsbetreuer von Seiten des Vormundschaftsgerichts bestellt werden muß. 40

Eine stärkere gegenseitige Kontrolle wird durch eine Gesamtvollmacht ermöglicht, bei der ein Handeln der Vertreter nur gemeinsam möglich ist. Diese ist für viele Rechtsgeschäfte wenig praktikabel, da die Bevollmächtigten übermäßig gebunden sind, so daß hier letztlich die wechsel- oder einseitige Erteilung von Untervollmachten für bestimmte Rechtsgeschäfte im Einzelfall oder auch generell möglich sein sollte. 41

3. *Ersatzbevollmächtigung und Unterbevollmächtigung*

Für den Fall, daß der Bevollmächtigte bspw. aus gesundheitlichen Gründen ausfällt, sollte der Vollmachtgeber einen Ersatzbevollmächtigten bestellen oder den Hauptbevollmächtigten ermächtigten, seinerseits einen Ersatzbevollmächtigten oder Unterbevollmächtigten zu benennen. 42

Die Benennung eines Ersatzbevollmächtigten durch den Vollmachtgeber ist sinnvoll, wenn hierfür eine geeignete Person zur Verfügung steht.

Zumindest sollte der Hauptbevollmächtigte ermächtigt sein, im Notfall seinerseits einen Ersatzbevollmächtigten oder Unterbevollmächtigten zu benennen.

4. *Vollmacht mit wechselseitiger Einsetzung der Ehegatten*

Im Hinblick auf den besonderen Vertrauenscharakter einer Vorsorgevollmacht wird die Wahl des Bevollmächtigten meist auf einen nahen Angehörigen, bei Eheleuten insbesondere auch auf den Ehepartner fallen. Die Praxis zeigt, daß sich gerade Eheleute oft wechselseitig bevollmächtigen. Dabei erfolgt die Bevollmächtigung des jeweils anderen oftmals nur im Hinblick auf die eigene 43

Bevollmächtigung und ist Ausdruck eines gegenseitigen Vertrauensbeweises. Zur Dokumentation dieser wechselseitigen Abhängigkeit, sowie zur Sicherstellung der inhaltlichen Identität der gegenseitigen Bevollmächtigung können beide Vorsorgevollmachten in nur einer Urkunde zusammengefaßt werden. Damit wird jeder Ehegatte sowohl Vollmachtgeber als auch gleichzeitig Bevollmächtigter des jeweils anderen Ehegatten.

III. Befugnisse des Bevollmächtigten bei rechtsgeschäftlichen Angelegenheiten

1. Die post- und transmortale Vollmacht

44 Die post- und transmortale Vollmacht ermöglicht es dem Bevollmächtigten, auch nach Versterben des Vollmachtgebers unabhängig von Ermittlung und Willen der Erben und unabhängig von der Vorlage eines Erbscheins oder eines Testaments mit Eröffnungsvermerk rechtsgeschäftlich tätig zu werden.[34] Aufgrund von ihm geschlossener Verträge scheiden Nachlaßgegenstände aus dem Nachlaß aus, während die Gegenleistungen in den Nachlaß fallen. Darüberhinaus kann der Bevollmächtigte im Rahmen der ihm erteilten Vollmacht über Nachlaßgegenstände auch unentgeltlich verfügen. Der Bevollmächtigte kann mithin alle Rechtsgeschäfte vornehmen, wie dies der Erblasser selbst hätte tun können.[35]

45 Bei seinem rechtsgeschäftlichen Handeln bedarf der Bevollmächtigte auch dann, wenn zu den Erben Minderjährige gehören, nicht der vormundschaftgerichtlichen Genehmigung, selbst wenn dies bei eigenem Handeln der Erben erforderlich wäre.[36]

Die postmortale Vollmacht bezieht sich nur auf den Nachlaß und erstreckt sich nicht auf das Privatvermögen des Erben, da insoweit nur der Erbe selbst wirksam Vollmacht erteilen kann.[37]

46 Bei der transmortalen Vollmacht soll es aber möglich sein, daß der Bevollmächtigte den Erben auch mit seinem Privatvermögen verpflichten kann, wenn der Erbe die Vollmacht nicht widerruft und bestehen läßt.[38]

34 *Bengel/Reimann,* Handbuch der Testamentsvollstreckung, 1. Kapitel Rn 48.
35 OLG Hamburg DNotZ 1967, 31.
36 RGZ 88, 345; 106, 185; *Bengel/Reimann,* 1. Kapitel Rn 50.
37 BGH FamRZ 1983, 477.
38 MüKo/*Brandner* vor § 2197 Rn 19; *Reithmann,* BB 1984, 197; aA: *Bengel/Reimann,* 1. Kapitel Rn 48.

Letztlich entscheidet die Auslegung des Innenverhältnisses zwischen Vertreter und Erblasser bzw. eines späteren Verhaltens des Erben über den Umfang der Vollmacht. Da ein Dritter von diesen Umständen in der Regel keine nähere Kenntnis hat, wird er von der Beschränkung auf den Nachlaß ausgehen müssen.

2. *Sonderfall: Post- und transmortale Kontovollmacht*

Grundsätzlich hat die Bank, wenn von einer post- oder transmortalen Kontovollmacht Gebrauch gemacht wird, die Ihr erteilten Weisungen unverzüglich und vorbehaltlos zu erfüllen. Insbesondere ist die Bank nicht berechtigt oder verpflichtet, die Zustimmung des Erben abzuwarten oder durch Zuwarten den Widerruf der Vollmacht zu ermöglichen.[39] Bei einer zögerlichen Ausführung läuft die Bank sogar Gefahr, sich schadensersatzpflichtig zu machen. **47**

Ist die Verfügungsbefugnis des Bevollmächtigten nicht bereits im Vollmachtsformular geregelt und läßt sich daher eine Einschränkung nicht erkennen, so ist der Umfang der Vertretungsmacht durch Auslegung zu ermitteln.[40] **48**

Im Grundsatz anerkannt ist, daß die Verfügungsbefugnis nur die üblichen Kontovorgänge umfaßt. Bei verständiger Auslegung einer Vollmacht kann nicht davon ausgegangen werden, daß diese auch zu einer Kontoauflösung oder Umwandlung in ein Einzelkonto berechtigt. **49**

Eine Ausnahme kann jedoch bei gegenseitiger Bevollmächtigung von Ehegatten bestehen. Hier liegt der Zweck der Bevollmächtigung auch darin, daß der Bevollmächtigte nach dem Tod des Kontoinhabers abgesichert sein soll. Da es aber keinen Unterschied macht, ob der Bevollmächtigte eine Überweisung auf sein Konto veranlaßt oder das Konto nach dem Tod des Inhabers auf seinen Namen umschreiben läßt, ist eine transmortale Vollmacht zwischen Eheleuten dahin auszulegen, daß der überlebende Teil zu seiner Absicherung berechtigt ist, ein Konto, zu welchem er die Alleinzeichnungsbefugnis besitzt, in ein Einzelkonto umzuwandeln. **50**

Eine zu Zwecken der Vermögensverwaltung erteilte Kontovollmacht berechtigt den Bevollmächtigten normalerweise nicht dazu, das Vermögen des Vollmachtgebers zu verschenken, erst Recht nicht, dabei selbst als Schenker aufzutreten.[41] Im Hinblick auf die Pflichten, in die der Bevollmächtigte im **51**

39 BGH NJW 1995, 250.
40 OLG Hamm, NJW RR 1995, 564.
41 BGH NJW 1999, 435 ff.

Innenverhältnis zum Vollmachtgeber eingebunden ist, kann regelmäßig keine Rede davon sein, daß der Vollmachtgeber allein schon durch die Erteilung einer solchen Vollmacht den betreffenden Vermögensgegenstand „aus der Hand geben" will.[42]

52 **Tip**

Um im Zusammenhang mit einer Kontovollmacht zukünftigen Streit zu vermeiden, sollte das Innenverhältnis in der Vollmacht geregelt sein. Wurde ein bankeigenes Vollmachtformular verwendet, das keinen Raum für eine Regelung des Innenverhältnisses läßt, sollte dieses zusätzlich geregelt werden. Weitestgehende Absicherung für den Vollmachtgeber und Bevollmächtigten bietet hier eine notarielle Kontovollmacht.

3. Vollmacht und Testamentsvollstreckung

Sofern Vollmacht für den späteren Testamentsvollstrecker erteilt wird, kann die Kopplung von Testamentsvollstreckeramt und Generalvollmacht dazu verwendet werden, die Rechte des Testamentsvollstreckers zu erweitern.[43] So kann der Testamentsvollstrecker schon vor Amtsbeginn aufgrund einer erteilten Vollmacht über den Nachlaß verfügen, nach Amtsbeginn kann die erteilte Vollmacht die Befugnisse des Testamentsvollstreckers erweitern.

53 Die Aufgabenkreise und Befugnisse von Testamentsvollstrecker und Bevollmächtigtem können sich vielfach überschneiden und somit zu Kollisionen führen. Umstritten ist, ob die Anordnung einer Testamentsvollstreckung die Vollmacht in ihrer Wirkung einschränkt. Bedeutsam für einen Vertragspartner ist hier somit, ob er sich auf den Bestand einer erteilten Vollmacht verlassen darf, auch wenn er von der Testamentsvollstreckung Kenntnis erlangt hat.

54 Trotz einer kontrovers geführten Diskussion[44] kann nach h.M. und Rspr. ein durch postmortale Vollmacht Bevollmächtigter nicht durch die Anordnung einer Testamentsvollstreckung in seiner Verfügungsberechtigung beschränkt werden.[45] Beide Befugnisse bestehen isoliert nebeneinander. Erlangt ein Vertragspartner Kenntnis von der Testamentsvollstreckung, so besteht grundsätzlich kein Anlaß für diesen anzunehmen, der Erblasser habe auch die postmor-

42 Vgl. § 1 Rn 87ff.
43 BGH NJW 62, 1718.
44 *Bengel/Reimann,* 1. Kapitel Rn 36ff.
45 BGH NJW 1962, 1718, MüKo/*Schramm,* § 168 Rn 24; *Soergel/Damrau,* § 2205, 1001, 1003.

tale Vollmacht widerrufen wollen. Die Rechtsstellung als Bevollmächtigter geht also durch die Ernennung zum Testamentsvollstrecker nicht verloren.

Die postmortale Vollmacht kann allerdings jederzeit durch den Alleinerben **55** bzw. bei einer Erbengemeinschaft durch jeden Miterben für sich widerrufen werden. Gegen einen Widerruf der Vollmacht kann der Testamentsvollstrekker dadurch geschützt werden, daß die Beibehaltung derselben den Erben zur Auflage gemacht wird, deren Einhaltung sogar derselbe Testamentsvollstrekker überwachen kann. Auch kann die Erfüllung dieser Anordnung zur Bedingung für die Beibehaltung der Erbenstellung gemacht werden.[46]

Wurde der Testamentsvollstrecker gleichzeitig auch Generalbevollmächtigter **56** aufgrund postmortaler Vollmacht, so unterliegt er bezüglich seinem Tätigwerden im Rahmen der Vollmacht nicht den Beschränkungen eines Testamentsvollstreckers. So kann er aufgrund einer Vollmacht bspw. dazu ermächtigt sein, unentgeltliche Verfügungen zu treffen oder vom Verbot des Selbstkontrahierens befreit werden.

4. Schenkungsvollzug zu Lasten des Nachlasses durch Vollmacht

Problematisch und streitig sind Fälle, bei denen durch eine post- oder trans- **57** mortale Vollmacht eine Schenkung zu Lasten des Nachlasses vollzogen werden soll.

Kritisch ist hier insbesondere der Bereich, in dem der Erblasser zu Lebzeiten ein Schenkungsversprechen entgegen der Form des § 518 I BGB getätigt hat und der Bevollmächtigte nach dem Tod des Erblassers die Schenkung vollzieht, so daß eine Heilung des Formmangels nach § 518 II BGB eintritt.

Nach ständiger Rechtsprechung kann eine vom Schenker zu Lebzeiten form- **58** los versprochene Leistung mit den Folgen des § 518 II BGB auch noch nach seinem Tod mit Hilfe einer trans- oder postmortalen Vollmacht des Schenkers bewirkt werden.[47] Zu beachten ist hier, daß die Bevollmächtigung als solche, auch wenn sie unwiderruflich ist, einen Schenkungsvollzug noch nicht bewirken kann.

Selbstverständlich setzt die Heilung einer formnichtigen Versprechensschenkung unter Lebenden nach § 518 II BGB immer voraus, daß die Einigung über die versprochene Schenkung bei Bewirkung der Leistung noch fortbesteht, also kein diesbezüglicher Widerruf erfolgte.

46 *Nieder,* Handbuch der Testamentsgestaltung, Rn 689, *Staudinger/Reimann,* Rn 77 vor § 2197.
47 BGH WM 1988, 984 ff.; BGHZ 99, 97 ff.; MüKo, § 2301 Rn 28.

59 Demgegenüber tritt bei einem Schenkungsversprechen von Todes wegen kein Schenkungsvollzug im Sinn des § 2301 II BGB ein, wenn das Schenkungsversprechen ebenso erst nach dem Tod des Schenkers erfüllt wird. Eine nicht vollzogene Schenkung von Todes wegen kann ebensowenig wie eine formnichtige Verfügung von Todes wegen nach dem Erbfall durch Handlungen einer vom Erblasser bevollmächtigten Person in Kraft gesetzt werden.[48]

60 Die Frage, ob ein formunwirksames aber heilbares Schenkungsversprechen unter Lebenden oder eine nicht der Heilung zugängliche Schenkung von Todes wegen vorliegt, hängt vom individuellen Willen der Vertragsparteien ab. Dabei ist einerseits der Rechtsgedanke des § 2084 BGB im Rahmen einer Auslegung gem. § 133 BGB heranzuziehen,[49] andererseits darf aber auch die Anwendung der Vorschriften über die Verfügungen von Todes wegen nicht zu weit zurückgedrängt werden.[50] Letztlich mangelt es von seiten der Rechtsprechung aber an sicheren Kriterien zu einer Abgrenzung, so daß gerade auch im Rahmen der Vollmachtgestaltung in diesem Bereich Unsicherheiten bestehen. Diese können letztlich nur durch die Einhaltung der Formvorschrift des § 518 BGB für die der Vollmachtserteilung zugrundeliegende Schenkung beseitigt werden.

5. *Besonderheiten bei Vor- und Nacherbschaft*

61 Eine im Rahmen einer Vor- und Nacherbschaft über den Tod hinaus erteilten Vollmacht des Erblassers an einen Dritten berechtigt während der Vorerbschaft nur zur Vertretung des Vorerben. Die Beschränkungen des Vorerben gelten dabei auch für den Bevollmächtigten. Dem Vorerben steht das Widerrufsrecht zu. Widerruft der Vorerbe die Vollmacht nicht, berechtigt die Vollmacht erst mit dem Eintritt des Nacherbfalles zur Vertretung der Nacherben.

48 BGH ZEV 1995, 187 ff.; BGH WM 1988, 984 ff.; BGHZ 99, 97 ff.; BGH NJW 1986, 2107 ff.; anders: *Kuchinke* FamRZ 1984, 109 ff.

49 BGH WM 1988, 984 ff.; wonach u. a. das Vorliegen einer Schenkung unter Lebenden dann wohl anzunehmen ist, wenn der Bevollmächtigte zu eigenen Gunsten bereits zu Lebzeiten verfügen konnte und die Vollmacht nicht übertragbar ist.

50 BGHZ 99, 97 ff.; wonach eine Schenkung von Todes wegen erfahrungsgemäß vielfach auch dann gewollt ist, wenn der Erblasser nicht ausdrücklich eine Überlebensbedingung im Sinne von § 2301 I BGB erklärt.

IV. Befugnisse des Bevollmächtigten bei persönlichen Angelegenheiten

1. Rechtliche Grundlagen

Durch das am 01.01.1999 in Kraft getretenene Betreuungsrechtsänderungsgesetz wurde klargestellt, daß ein Bevollmächtigter für alle Angelegenheiten der Personensorge bestellt werden kann, die bei fehlender Vollmacht durch einen zu bestellenden Betreuer besorgt werden müßten. Somit kann grundsätzlich ein Vertreter für alle Aufgabenbereiche bestellt werden, für die auch eine Betreuung möglich ist. Die Entscheidung des Bevollmächtigten ist dabei verbindlich. **62**

Ist eine Person selbst noch entscheidungsfähig,[51] kommt eine Stellvertretung durch Vollmacht im persönlichen Bereich nicht in Betracht. Die Vollmacht hat in diesem Fall noch keine Bedeutung, weil der Vollmachtgeber jeder beeinträchtigenden Maßnahme widersprechen kann und sein Widerspruch vor der Entscheidung des Bevollmächtigten Vorrang hat.[52] Das Bedürfnis für eine Stellvertretung besteht nur für den Fall, daß der Vollmachtgeber zu einer eigenen Entscheidung nicht mehr in der Lage ist. Erst dann kann und soll der Bevollmächtigte im Rahmen einen Personensorge im engeren Sinn tätig werden. **63**

Eine exakte Differenzierung zwischen Befugnissen für den vermögensrechtlichen und persönlichen Bereich wird vielfach nicht möglich sein. Dies liegt insbesondere an den vielen Mischangelegenheiten, die beide Bereiche umschließen. So umfaßt beispielsweise der Abschluß eines Behandlungsvertrags sowohl die Person des Vollmachtgebers als auch dessen Vermögen. **64**

2. Einwilligung und Versagen von Heilbehandlungen § 1904 BGB

Der Bevollmächtigte kann entscheiden, ob ärztliche Untersuchungen und Behandlungen vorgenommen werden sollen oder nicht. Die Vollmachtsurkunde **65**

51 Die Fähigkeit zur Einwilligung in die Verletzung höchstpersönlicher Rechtsgüter setzt nach st. Rspr. anders als bei Vermögensrechten nicht voraus, daß der Vollmachtgeber geschäftsfähig ist, vielmehr kommt es auf seine natürliche Einsichts- und Steuerungsfähigkeit an, d.h. er muß die Bedeutung, die Tragweite und Schwere eines anstehenden Eingriffs ermessen und anschließend den Willen nach dieser Erkenntnis bestimmen können. Hierbei wird im Gegensatz zu der Geschäftsfähigkeit u.a. auf den subjektiv individuellen Reifegrad einer Person abgestellt; vgl. insoweit *Walter*, Die Vorsorgevollmacht, 194f. m.w.N.

52 OLG Stuttgart a.a.O.

muß dabei die Maßnahmen nach § 1904 Abs. 1 BGB ausdrücklich mitumfassen.[53]

66 Zu beachten ist insoweit, daß trotz einer wirksamen Bevollmächtigung die Genehmigung des Vormundschaftsgerichts einzuholen ist, wenn die begründete Gefahr besteht, daß der Vollmachtgeber auf Grund der Maßnahme stirbt oder einen schweren und länger dauernden gesundheitlichen Schaden erleidet.

Solche gefährlichen Maßnahmen können, abhängig vom Allgemeinzustand des Patienten, sein:

- Untersuchungen, wie z. B. Bronchoskopie, Herzkatheterisierung, ERC (P)
- operative Behandlungsmaßnahmen, wie z. B. Herzoperationen, Transplantationen, neurochirurgische Eingriffe und alle großen chirurgischen Eingriffe in den unterschiedlichen chirurgischen Fachgebieten
- nichtoperative Behandlungsmaßnahmen, wie z. B. Chemotherapie, Dauerbehandlung mit Psychopharmaka.

Ohne Genehmigung des Vormundschaftsgerichts sind diese Maßnahmen nur zulässig, wenn mit dem Aufschub Gefahr verbunden ist. Auf alle Fälle ist aber zuvor eine ärztliche Aufklärung erforderlich.

Eine Patientenverfügung des Vollmachtgebers ist in diesem Zusammenhang von dem Bevollmächtigten immer zu berücksichtigen.

3. Einwilligung in den Abbruch von Heilbehandlung bei infauster Prognose nach § 1904 BGB analog

a) Bei noch nicht eingesetztem Sterbevorgang

67 Grundsätzlich kann ein Dritter auch dazu bevollmächtigt werden, darüber zu entscheiden, ob bei noch nicht eingesetztem Sterbevorgang und einer infausten Prognose lebenserhaltende Maßnahmen am betroffenen Vollmachtgeber, wie z. B. künstliche Ernährung oder Beatmung, beendet werden sollen.

68 Fraglich ist insoweit, ob trotz einer wirksamen Bevollmächtigung die Genehmigung des Vormundschaftsgerichts in entsprechender Anwendung des § 1904 BGB einzuholen ist. Bislang mußte nach der in der Rechtsprechung vertretenen Meinung davon ausgegangen werden.[54]

69 Allerdings ist in der jüngsten Rechtsprechung eine Abkehr von dem Genehmigungserfordernis gemacht worden.[55] Demnach soll § 1904 BGB weder di-

53 § 1 Rn 21 ff.
54 OLG Frankfurt a. M., FamRZ 1998, 1137 ff.
55 LG München, NJW 1999, S. 1788; AG Hanau, BtPrax 1997, 82 und die Stellungnahme des Vor-

rekt noch entsprechend für vormundschaftsgerichtliche Genehmigungen von lebensbeendenden Maßnahmen anwendbar sein. Vielmehr sollen im Ergebnis, Ärzte und Angehörige über lebensbeendende Maßnahmen in eigener Verantwortung zu entscheiden haben.

Inwieweit in diesem Zusammenhang dann auch ein Bevollmächtigter ein Entscheidungsrecht haben soll, bleibt offen. Geht man wie in der Praxis oftmals üblich davon aus, daß ein Angehöriger Bevollmächtigter wird, unterstreicht eine diesbezügliche Bevollmächtigung zumindest die Entscheidungskompetenz des Angehörigen.

Für die Frage der vormundschaftgerichtlichen Genehmigungsbedürftigkeit bei der Entscheidung über lebensbeendende Maßnahmen gilt es, die höchstrichterliche Rechtsprechung zu verfolgen.[56]

Strittig ist hier desweiteren, ob trotz einer vorliegenden hinreichend konkreten **70**
Patientenverfügung, an deren Inhalt auch der Bevollmächtigte gebunden sein soll, die Einholung der Genehmigung des Vormundschaftsgericht nach § 1904 BGB analog für den Bevollmächtigten als Adressaten erforderlich ist.

Ausgehend von einem vormundschaftgerichtlichen Genehmigungserfordernisses für den Bevollmächtigten in analoger Anwendung des § 1904 BGB für lebensbeendende Maßnahmen bei infauster Prognose ist aber davon auszugehen, daß die Einholung einer vormundschaftgerichtlichen Genehmigung trotz Vorliegen einer Patientenverfügung erforderlich ist.[57]

In der Praxis ist für den Bevollmächtigten immer zu bedenken, daß eine gesicherte Rechtsprechung zu dem Genehmigungserfordernis bei Einwilligung in den Abbruch von Heilbehandlung bei infauster Prognose gem. § 1904 BGB analog nicht gegeben ist. Bis zu einer eindeutigen gesetzlichen Regelung oder gerichtlicher Entscheidung sollte ein Bevollmächtigter daher trotz ausdrücklicher Bevollmächtigung und vorliegender Patientenverfügung immer die vormundschaftgerichtliche Genehmigung einholen.

mundschaftsgerichtstages e. V. zum Beschluß des OLG Frankfurt, BtPrax 5/1998. Die Argumentation gegen eine direkte oder entsprechende Anwendung des § 1904 BGB führt u. a. an, daß der Gesetzgeber bei Änderung des § 1904 BGB diesen nicht veränderte, weil er die Fälle des Abbruchs von Heilbehandlungen bewußt nicht erfassen wollte. Zudem ist ein ärztlicher Heileingriff mit dem Risiko des Todes etwas anderes ist, als ein Eingriff mit dem Ziel des Todes.

56 Endgültige Klarheit sollte hier aber der Gesetzgeber schaffen.

57 OLG Frankfurt a. M. FamRZ 1998, 1347 ff. führt wie folgt aus: „Die Kriterien der Entscheidung des VormG nach § 1904 BGB analog ergeben sich aus dessen entsprechender Anwendung unter besonderer Berücksichtigung des § 1901 BGB, eines Patiententestaments, dem künftig ein Bedeutungszuwachs zukommen dürfte, oder einer Betreuungsverfügung."

Tip

71 Neben der ausdrücklichen Bevollmächtigung zur Einwilligung in den Abbruch von Heilbehandlung bei infauster Prognose ist gleichzeitig auch eine Patientenverfügung, die einen diesbezüglichen Willen des Verfügenden manifestiert und auch den Bevollmächtigten in seiner Entscheidung bindet, zu erstellen. Damit wird der Wunsch des Betroffenen nach einem Behandlungsabbruch in aller Deutlichkeit festgehalten und wird zumindest bei der Ermittlung seines mutmaßlichen Willens Berücksichtigung finden, sei es durch die behandelnden Ärzte selbst in Einklang mit den Angehörigen oder durch das Vormundschaftsgericht.

b) Bei eingesetztem Sterbevorgang

72 Die Einwilligung des Bevollmächtigten in die Beendigung lebenserhaltender Maßnahmen nach dem Eintritt des Sterbevorgangs bedarf keiner vormundschaftsgerichtlichen Genehmigung.

4. Entscheidungen über die Unterbringung § 1906 Abs. 1 BGB

73 Dem Bevollmächtigten kann die Entscheidung übertragen werden, im Falle einer krankheitsbedingten konkreten Eigengefährdung den Vollmachtgeber in einer geschlossenen Einrichtung oder in einer geschlossenen Station unterzubringen. Dies gilt jedoch nur dann, wenn die Vollmachtsurkunde die Maßnahmen nach § 1906 Abs. 1 BGB ausdrücklich mitumfaßt.[58]

Zu beachten ist insoweit, daß trotz einer wirksamen Bevollmächtigung die Genehmigung des Vormundschaftsgerichts einzuholen ist. Ohne diese Genehmigung sind die Maßnahmen nur zulässig, wenn mit dem Aufschub Gefahr verbunden ist.

5. Entscheidungen über freiheitsentziehende oder -beschränkende Maßnahmen § 1906 Abs. 4 BGB

74 Dem Bevollmächtigten kann die Entscheidung übertragen werden, in freiheitsentziehende Maßnahmen einzuwilligen, um den Vollmachtgeber vor einer konkreten Eigengefährdung zu schützen. Dabei kann der Bevollmächtigte

58 Vgl. § 1 Rn 21 ff.

auch dazu ermächtigt werden zu überprüfen, ob eine ärztlich vorgeschlagene Schutzmaßnahme zur Verhinderung einer konkreten Eigengefährdung auch tatsächlich erforderlich und unumgänglich ist.

Insbesondere fallen hierunter Entscheidungen über das Anbringen von Bettgittern, das Fixieren mit einem Gurt oder anderen mechanischen Vorrichtungen, der Verabreichung von Schlafmitteln und Psychopharmaka sowie alle sonstigen Maßnahmen, die den Vollmachtgeber daran hindern sollen, sich frei zu bewegen.

Dies gilt jedoch nur dann, wenn die Vollmachtsurkunde die Maßnahmen nach **75**
§ 1906 Abs. 4 BGB ausdrücklich mitumfaßt. Zu beachten ist insoweit auch, daß trotz einer wirksamen Bevollmächtigung die Genehmigung des Vormundschaftsgerichts einzuholen ist. Ohne diese Genehmigung sind die Maßnahmen nur zulässig, wenn mit dem Aufschub Gefahr verbunden ist.[59]

Die Pflicht der vormundschaftgerichtlichen Genehmigung gem. § 1906 Abs. 2 BGB i.V.m. § 1906 Abs. 4 BGB greift dann nicht ein, wenn der Betroffene in einer Familie lebt und die genannten Maßnahmen dort getroffen werden müssen.[60] Eine vormundschaftgerichtliche Genehmigung kann aber erforderlich sein, wenn der Betroffene, der von dritter Seite betreut wird, in seiner eigenen Wohnung regelmäßig eingesperrt werden soll.[61]

6. Aufenthalts- und Umgangsbestimmung

Dem Bevollmächtigten kann die Bestimmung darüber übertragen werden, wo **76**
sich der Vollmachtgeber aufhalten und mit wem dieser Kontakt haben darf.

Unter Entscheidungen über den Aufenthalt fallen Fragen über die Aufnahme in ein Pflegeheim, Hospiz, Krankenhaus und ähnliche Einrichtungen sowie die Auflösung der bisherigen Wohnung.

Im Hinblick auf den Umgang kann der Bevollmächtigte entscheiden, welche Pflegedienste, spezielle Therapeuten, welcher geistliche Beistand und welche sonstigen Personen dem Vollmachtgeber beistehen sollen.

59 Sofern es sich um eine länger dauernde (längstens drei Tage) oder um eine regelmäßige Schutzmaßnahme handelt, muß der Bevollmächtigte die Genehmigung des Vormundschaftsgerichts einholen.

60 *Damrau/Zimmermann,* Betreuung und Vormundschaft, 2. Aufl. 1995 § 1906 Rn 20a.

61 LG Hamburg, FamRZ 1994, 1619.

7. Sonstige Wünsche des Vollmachtgebers

77 Letztlich kann der Vollmachtgeber in der Vorsorgevollmacht sicherstellen, daß er alle seine bisherigen Lebensgewohnheiten im Rahmen des tatsächlich Möglichen auch in Zukunft so beibehalten kann.[62]

E. Vollmachtsmißbrauch und Abwehr

I. Rechtliche Grundlagen

78 Präventiv kommt es bei der Abwehr eines Mißbrauchs schon bei der Auswahl des Bevollmächtigten darauf an, eine vertrauenswürdige und geeignete Person aus dem nächsten familiären und persönlichen Umfeld mit der Aufgabe zu betreuen.[63]

79 Für den Mißbrauch einer Vorsorgevollmacht gelten die allgemeinen Grundsätze zum Mißbrauch der Vollmacht.[64] Das Risiko des Vollmachtsmißbrauchs trägt also der Vertretene. Eine Prüfungspflicht des Vertragspartners besteht nur bei objektiver Evidenz des Mißbrauchs, wobei aber massive Verdachtsmomente vorliegen müssen.

80 Darüber hinaus wird bei der postmortalen Vollmacht für einen Mißbrauch vorausgesetzt, daß das Handeln des Vertreters sich ausnahmsweise als eine unzulässige Rechtsausübung darstellt – § 242 BGB – oder gegen die guten Sitten verstößt – § 138 BGB. Ob ein solcher Ausnahmetatbestand vorliegt, lasse sich nur anhand sämtlicher Umstände des Einzelfalles beantworten. Dabei könne nicht auf die Interessen der Erben abgestellt werden, vielmehr wirkten die Interessen des Erblassers fort und seien deshalb zu berücksichtigen.[65]

81 Zur Abwendung eines Vollmachtsmißbrauchs besteht die Möglichkeit des Widerrufs der Vollmacht.[66] Daß das Widerrufsrecht häufig keinen Schutz gewährt, weil der Widerruf zu spät erklärt wird, ist im Hinblick auf den Zweck einer Vollmachtserteilung, dem Bevollmächtigten unabhängig vom Willen des Vollmachtgebers tätig werden zu lassen, nicht auszuschließen.

62 So z. B. auch die Pflege von Haustieren.
63 Vgl. dazu oben § 1 Rn 26 ff.
64 BGH NJW 1995, 250, 251.
65 BGH NJW 1969, 1246; *Palandt/Edenhofer* vor § 2197 Rn 18; *Trapp*, ZEV 1995, 314, 317.
66 Siehe unten § 1 Rn 118 ff.

II. Ausgestaltung des Innenverhältnisses

1. Grundsätzliches zur Ausgestaltung des Innenverhältnisses

Um seine Interessen optimal berücksichtigt zu wissen und um der Gefahr des Mißbrauchs der Vollmacht entgegenzuwirken, bedarf auch das zugrundeliegende Innenverhältnis (Auftrag, Geschäftsbesorgung etc.) einer sorgfältigen Regelung.[67] **82**

Sind Fragen wie Vergütung des Bevollmächtigten, Beschränkungen im Innenverhältnis insbesondere auch im Hinblick auf Schenkungen ausdrücklich geregelt, dient dies der Rechtsicherheit zwischen Vollmachtgeber und Bevollmächtigtem. Gleichzeitig kann das Vormundschaftsgericht als Kontrollinstanz bzw. ein vormundschaftsgerichtlich bestellter Überwachungsbetreuer oder auch ein Rechtsnachfolger des Vollmachtgebers so die getätigten Rechtsgeschäfte des Bevollmächtigten nachvollziehen. Der Bevollmächtigte wird abgesichert, denn er kommt bei einer umfassend geregelten Vollmacht nicht in Beweisnot über die von ihm getätigten Rechtsgeschäfte. **83**

In der Praxis bieten sich zwei Möglichkeiten an, das der Vollmacht zugrundeliegende Kausalverhältnis zu regeln.

Zum einen kann es mit in die Vollmachtsurkunde aufgenommen werden, zum anderen aber auch in einer gesonderten Urkunde niedergelegt werden. Wenngleich für beide Möglichkeiten gilt, daß im Außenverhältnis die Vollmacht durch die Regelung im Innenverhältnis nicht beschränkt wird, verspricht die erste Variante einen größeren Schutz vor einem Mißbrauch. Denn ein gewissenhafter Geschäftspartner wird, wenn möglich, zumindest Rückfrage beim Vollmachtgeber oder ggfs. bei dessen Erben nehmen, wenn ein Rechtsgeschäft offensichtlich unter Überschreitung der im Innenverhältnis geregelten Beschränkung vom Bevollmächtigten vorgenommen werden soll. Andernfalls würde er sich nach den Grundsätzen des kollusiven Zusammenwirkens selbst regreßpflichtig machen. **84**

Tip **85**
Im Interesse des Vollmachtgebers, aber auch des Bevollmächtigten, sollte eine detaillierte Regelung des Innenverhältnisses zwischen Vollmachtgeber und Bevollmächtigtem in jede Vollmachtsurkunde mitaufgenommen wer-

67 Zu beachten ist, daß der Vollmachtgeber an ein Rechtsgeschäft des Bevollmächtigten, das dieser unter Überschreitung seiner im Innenverhältnis eingeräumten Befugnisse tätigt, gebunden ist.

den bzw. zumindest in einer getrennten Vereinbarung schriftlich festgehalten werden.
So wird es einerseits auch den Erben des Vollmachtgebers erleichtert, die vom Bevollmächtigten geschuldete Rechenschaft zu kontrollieren und einen Mißbrauch schnell zu erkennen. Andererseits kann der Bevollmächtigte so sofort den Nachweis erbringen, daß ein womöglich von Dritten angezweifeltes Rechtsgeschäft im Innenverhältnis von der Vertretungsmacht mitumfaßt war.

2. *Probleme aus dem Innenverhältnis*

86 Ein in der Praxis häufig auftretendes Problem ist die Frage nach den Pflichten des Bevollmächtigten, hier insbesondere den Herausgabepflichten, die jeweils abhängig von dem der Vollmacht zugrundeliegenden Innenverhältnis gegenüber dem Vollmachtgeber bzw. gegenüber dessen Rechtsnachfolger bestehen.

Im folgenden werden die Problemkreise in Zusammenhang mit dem Innenverhältnis der Vollmacht dargestellt.

a) Innenverhältnis Schenkung

aa) Grundprobleme bei von dem Bevollmächtigten vollzogenen Schenkungen

87 Haben Vollmachtgeber und Bevollmächtigter einen formwirksamen Schenkungsvertrag geschlossen, kann der Bevollmächtigte diese Schenkung mit einer entsprechenden Vollmacht unter Befreiung von § 181 BGB vollziehen. Diese Konstellation ist rechtlich unproblematisch.

88 Oftmals liegt jedoch eine Handschenkung des Vollmachtgebers vor mit dem Hinweis, der Bevollmächtigte könne die Schenkung aufgrund der Vollmacht mit sich selbst oder gegenüber Dritten vollziehen. Bei einer solchen Konstellation können auf den Beschenkten schnell Rückforderungsansprüche beispielsweise durch die Erben des Vollmachtgebers nach Eintritt des Erbfalls zukommen.

89 Da eine zu Zwecken der Vermögensverwaltung erteilte Kontovollmacht den Bevollmächtigten grundsätzlich nicht dazu berechtigt, das Vermögen des Vollmachtgebers zu verschenken,[68] erst recht nicht, dabei selbst als Schenker

68 BGH NJW 1999, 1393ff., denn im Hinblick auf die Pflichten, in die der Bevollmächtigte im In-

aufzutreten oder sich selbst zu beschenken, spricht dieser Grundsatz gegen eine etwaige Behauptung des Bevollmächtigten, er habe in Einklang mit dem Willen des Vollmachtgebers eine Schenkung vollzogen. Bei Zweifeln an einem rechtmäßigen Schenkungsvollzug wird das Problem der Beweislastverteilung bezüglich der behaupteten Schenkung zu einer zentralen Frage.

bb) Beispielsfall 1

„Beweislastverteilung bei Rückforderungsansprüchen der Erben gegenüber dem Bevollmächtigten bei behaupteter Schenkung“[69] **90**
Die Abkömmlinge A und B werden gesetzliche Erben. A wohnte mit dem Erblasser gemeinsam in einem Haus und betreute und pflegte diesen. B hatte zu dem Erblasser seit Jahren keinen Kontakt mehr. Der Erblasser hatte dem A transmortale Kontovollmacht erteilt und zu Lebzeiten ausgehändigt. B verlangt DM 50.000,00, die der Erblasser zu Lebzeiten an A überwiesen hatte, sowie weitere DM 100.000,00 von A an den Nachlaß heraus, die dieser noch zu Lebzeiten vom Konto des Erblassers auf eigene Konten transferiert hatte. A behauptet, der Erblasser habe ihm das Geld geschenkt.

(1) Allgemeines zur Beweislastverteilung

Grundsätzlich muß derjenige alle anspruchsbegründenden Tatsachen behaupten und im Bestreitensfalle beweisen, der den Anspruch geltend macht. Dieser Grundsatz gilt auch, soweit negative Umstände anspruchsbegründend sind.[70] **91**

Daher hat also derjenige, der einen Anspruch aufgrund § 812 Abs. 1 BGB geltend macht, die Darlegungs- und Beweislast für dessen negatives Tatbestandsmerkmal, daß die Vermögensmehrung, die der als Schuldner in Anspruch Genommene herausgeben soll, ohne Rechtsgrund besteht.[71]

(2) Beweislastumkehr

Einer besonderen Darlegung des Fehlens eines rechtlichen Grundes durch den Bereicherungsgläubiger bedarf es nicht, wenn bereits Tatumstände unstreitig sind, die den Schluß nahelegen, daß der Bereicherungsschuldner etwas ohne **92**

nenverhältnis zum Vollmachtgeber eingebunden ist, kann regelmäßig keine Rede davon sein, daß der Vollmachtgeber allein schon durch die Erteilung einer solchen Vollmacht den betreffenden Vermögensgegenstand „aus der Hand geben“ will; vgl. auch oben § 1 Rn 44ff.

69 In Anlehnung an BGH ZErb 1999, 26ff.

70 BGH NJW 1985, 1774, 1775.

71 BGH NJW 1995, 727,728 m.w.N.; *Palandt,* § 812 BGB Rn 103ff.

rechtlichen Grund erlangt hat.[72] Dies dürfte bei Eingriffskondiktionen häufig der Fall sein, wenn unstreitig feststeht, daß der Bereicherungsschuldner etwas aus einer eindeutig dem Anspruchsteller zugewiesenen Rechtsposition erlangt hat.

93 Ein solcher Fall wurde von der Rechtsprechung beispielsweise angenommen, wenn der Schuldner von einem Sparbuch des Gläubigers oder dessen Rechtsvorgängers, das er in Besitz hatte, einen Betrag abgehoben hat.[73]

Der Bereicherungsschuldner hat dann seinerseits den Beweis dafür zu erbringen, daß ihm ein rechtlicher Grund zur Seite stand, insbesondere daß eine Schenkungsvereinbarung der Abhebung zugrunde lag, die durch Vollzug in ihrem Formmangel geheilt wurde.[74]

94 Hat der Erblasser jedoch zunächst namhafte Beträge an den Schuldner überwiesen und der Schuldner erst danach auch aufgrund der ihm erteilten Vollmacht selbst Beträge abgehoben, kann der Schluß, der Kläger habe etwas ohne rechtlichen Grund erlangt, nicht ohne weiteres gezogen werden.[75] Denn in aller Regel tätigt ein Leistender Überweisungen nur dann, wenn er sich hierzu für verpflichtet hält und der Empfänger die Leistung behalten soll. Somit bilden die vom Leistenden getätigten Überweisungen an den Schuldner einen Grund, es jedenfalls als möglich anzunehmen, daß auch die zeitnah erfolgten Abhebungen durch denselben Rechtsgrund gedeckt waren.

(3) Die sekundäre Behauptungslast

95 Liegt eine zuvor dargestellte Ausnahme nicht vor, hat aus Zwecken der Prozeßförderung die als Schuldner in Anspruch genommene Partei die Umstände darzulegen, aus denen sie ableitet, das Erlangte behalten zu dürfen.

96 Erst wenn der Schuldner diese Mitwirkungspflicht vorgenommen hat, kann und muß die darlegungs- und beweislastpflichtige Partei im Rahmen zumutbaren Aufwands diese Umstände durch eigenen Vortrag und im Falle des Bestreitens durch geeigneten Nachweis widerlegen, um das Fehlen eines rechtlichen Grundes darzutun.[76]

97 Somit obliegt dem Schuldner eine sekundäre Behauptungslast, wenn die darlegungspflichtige Partei außerhalb des von ihr darzulegenden Geschehensablaufs steht und keine nähere Kenntnis der maßgebenden Tatsachen besitzt,

72 *Baumgärtel/Strieder*, § 812 BGB Rn 13.
73 BGH NJW 1986, 2107, 2108.
74 BGH NJW 1986, 2107, 2108.
75 BGH ZErb 1999, 26.
76 BGH NJW 1980, 2069, 2071; *Zöller* vor § 284 ZPO, Rn 24.

während der Schuldner sie hat und ihm nähere Angaben zumutbar sind. Im Rahmen des Zumutbaren kann vom Prozeßgegner insbesondere das substantiierte Bestreiten einer negativen Tatsache unter Darlegung der für das Positivum sprechenden Tatsachen und Umstände verlangt werden.[77]

Der Umfang der Substantiierungspflicht hat sich am Zweck der Darlegung zu orientieren. Für den Schuldner eines Anspruchs aus § 812 BGB können dabei keine strengeren Anforderungen gelten als üblicherweise für den Anspruchsteller. Nach ständiger Rechtsprechung des Bundesgerichtshofes genügt ein Anspruchsteller seiner Substantiierungspflicht bereits mit der Behauptung von Tatsachen, die in Verbindung mit einem Rechtssatz geeignet sind, das geltend gemachte Recht als entstanden erscheinen zu lassen. **98**

Um also zu erklären, daß die vom Schuldner mit Vollmacht getätigten Abhebungen als Erfüllung eines Schenkungsversprechens des Erblassers mit Rechtsgrund erfolgten, bedarf es somit lediglich der nachvollziehbaren Angabe, daß es zu einem Schenkungsversprechen des Erblassers gegenüber dem Schuldner gekommen ist.[78] Nicht erforderlich ist es, die tatsächlichen Gründe darzulegen, die den Erblasser zu den Schenkungen bewogen haben.

(4) Fallösung

A muß also substantiiert alle Tatsachen, die für eine Schenkung sprechen, darlegen. Wenn ihm dies gelingt, obliegt es B, dies zu widerlegen. **99**

cc) Vermutungsregel des § 1006 Abs. 1 BGB

Aufgrund der Vermutungsregel des § 1006 BGB ergibt sich eine Beweislastverteilung zugunsten desjenigen der eine Schenkung behauptet.[79] **100**

Hier muß derjenige, der ein Herausgabeverlangen nach § 985 BGB geltend macht, die Behauptung des Beschenkten widerlegen, er habe die Sache geschenkt erhalten. Nur dann kann die Vermutung des § 1006 BGB in der Regel als entkräftet angesehen werden.[80]

Zu beachten ist jedoch, daß sich die Wirkung des § 1006 BGB auf Ansprüche beschränkt die Eigentum voraussetzen. Bei einem Herausgabeanspruch nach § 812 BGB kommt es auf die Eigentumslage jedoch gerade nicht an.

77 BGH NJW 1996, 315, 317 m.w.N.; *Zöller* vor § 284 ZPO, Rn 24.
78 BGH ZErb 1999, 26 – ausreichend ist insoweit ein formungültiges Testament, das den Bevollmächtigten begünstigt.
79 *Palandt,* § 516 Rn 18; MüKo § 516 Rn 43; BGH NJW 60, 1517.
80 *Baumgärtel,* § 516 Rn 6.

Die Vermutung des § 1006 BGB gilt nicht für Sparbücher und sonstige Legitimationspapiere des § 952 BGB.[81]

Derjenige, der sich gegenüber dem Herausgabeverlangen darauf beruft, er habe das Sparbuch geschenkt erhalten, muß die rechtsvernichtende Einwendung beweisen, ihm sei die Sparguthabenforderung schenkungsweise abgetreten worden und er habe dadurch das Eigentum an dem Sparbuch erlangt.

dd) Schenkungsvermutung nach §§ 685 Abs. 2, 1620 BGB

101 Nach §§ 685 Abs. 2, 1620 BGB spricht eine Vermutung für den Schenkungscharakter von Leistungen unter nahen Verwandten.
Streitig in der Literatur und nicht gerichtlich entschieden ist aber die Frage, ob die §§ 685 Abs. 2, 1620 BGB einen allgemeinen Rechtsgedanken enthalten, der auf vergleichbare Sachverhalte entsprechend angewendet werden[82] oder ob eine Ausdehnung auf andere Leistungen nicht erfolgen kann.[83]

Bei einer behaupteten Schenkung des Erblassers an den Bevollmächtigten kann es zu einer entsprechenden Anwendung der §§ 685 Abs. 2, 1620 BGB nur dann kommen, wenn mit der Vollmachtserteilung oder nachträglich das Motiv verbunden war, den Bevollmächtigten selbst auch mit Unterhalt versorgt zu wissen. Ansonsten kann wohl nur schwerlich von einem vergleichbaren Sachverhalt zu den §§ 685 Abs. 2, 1620 BGB ausgegangen werden, die beide letztlich eine Zahlung in Zusammenhang mit einer Unterhaltsleistung erfordern, um als Auslegungsregel herangezogen werden zu können.

Tip

102 Um bei einer Vollmachtserteilung auch zum Vollzug von Schenkungen zukünftigen Streit zu vermeiden, muß das Recht des Bevollmächtigten, Schenkungen mit der Vollmacht vollziehen zu dürfen, ausdrücklich geregelt sein.
Die Schenkung selbst bedarf gleichfalls einer ausdrücklichen Regelung im Innenverhältnis, wobei bei einem Schenkungsversprechen die Einhaltung der notariellen Form die bestmögliche Sicherheit für alle Beteiligten bietet.

81 *Baumgärtel,* § 516 Rn 7.
82 *Baumgärtel,* § 1620 Rn 2.
83 *Palandt,* § 1620 Rn 1.

ee) Beispielsfall 2

„Rückforderungsansprüche des Vollmachtgebers gegenüber dem von dem Bevollmächtigten beschenkten Dritten“
S erteilt seinem Vater V Konto- und Depotvollmacht. V überträgt ohne Einverständnis des S dessen Depotanteile an T, seine Tochter.

Problematisch ist hier die Frage, ob ein vom Bevollmächtigten gegen den Willen des Vollmachtgebers beschenkter Dritter zur Herausgabe des schenkweise Erlangten verpflichtet ist. **103**

Auch hier gilt das zuvor Gesagte. Die Existenz einer Konto- bzw. Depotvollmacht der Art, wie sie etwa zu Zwecken der Vermögensverwaltung erteilt wird, berechtigt den Bevollmächtigten normalerweise nicht dazu, das Vermögen des Bevollmächtigten zu verschenken, erst recht nicht, dabei selbst als Schenker aufzutreten. **104**

Fraglich ist hier, ob die Beschenkte die Depotanteile herausgeben muß. **105**

Eine Bereicherungshaftung der beschenkten Dritten nach § 816 Abs. 1 Satz 2 BGB kann mangels einer Verfügung eines Nichtberechtigten nicht als gegeben angesehen werden, da der Verfügende in Vollmacht des Berechtigten handelte. Denn bei einer offenen Stellvertretung ist der Vertretene der berechtigt Verfügende. **106**

Ein Rückforderungsrecht des Vollmachtgebers kann sich hier allenfalls aus § 812 Abs. 1 Satz 1 BGB ergeben. Hierbei stellt sich dann die Problematik des bereicherungsrechtlichen Ausgleiches im Dreipersonenverhältnis. **107**

In der Rechtsprechung des BGH ist hier immer wieder betont worden, daß sich bei der bereicherungsrechtlichen Behandlung von Vorgängen, an denen mehr als zwei Personen beteiligt sind, jede schematische Lösung verbietet. Vielmehr sind in erster Linie die Besonderheiten des einzelnen Falles für die sachgerechte bereicherungsrechtliche Abwicklung zu beachten.[84] Bei der Feststellung, ob eine Leistung im bereicherungsrechtlichen Sinn vorliegt, kommt es in erster Linie auf die der Zuwendung gegebene Zweckbestimmung, also zunächst darauf an, welchen Zweck die Beteiligten nach ihrem zum Ausdruck gekommenen Willen verfolgt haben. Stimmen die Vorstellungen der Beteiligten nicht überein, ist eine objektive Betrachtungsweise aus der Sicht des Zuwendungsempfängers geboten. Dabei sind insbesondere auch **108**

84 BGHZ 105, 365, 369 m.w.N.

Gesichtspunkte des Vertrauensschutzes und der Risikoverteilung zu berücksichtigen.[85]

Nach Auffassung des BGH rechtfertigt die typische Schwäche des unentgeltlichen Erwerbs bei der Fallgestaltung einer Leistung auf Anweisung, bei der es im Deckungsverhältnis an einem Rechtsgrund fehlt und im Valutaverhältnis die Leistung unentgeltlich bewirkt worden ist, die Herausgabeverpflichtung des die unentgeltliche Leistung empfangenden Dritten.[86]

109 In ähnlicher Weise steht die Schwäche des unentgeltlichen Erwerbs regelmäßig auch einer Wertung einer Zuwendung als Leistung des Schenkers im bereicherungsrechtlichen Sinne entgegen, wenn die Schenkung für den Empfänger erkennbar nicht aus dem Vermögen des Schenkers, sondern aus dem Vermögen eines Dritten erfolgt, über das der Schenker lediglich Verfügungsvollmacht besitzt.[87]

Lösung

110 Ist für die Beschenkte daher nach den gesamten Zusammenhängen ohne weiteres erkennbar gewesen, daß es sich um die Zuwendung von Wertpapieren handelte,[88] die im Eigentum des S standen, so war für die Beklagte zugleich zumindest als Risiko erkennbar, daß die Wertpapiere nicht der beliebigen Disposition des Vaters unterlagen, mithin auf den ersten Blick nicht zu seinem Vermögen gehörten, mit der Folge, daß die unentgeltliche Zuwendung der Wertpapiere nicht als aus dem Vermögen des Vaters erbracht war und damit auch keine „Leistung“ desselben an die Beschenkte darstellte.
Demnach besteht ein Rückgabeanspruch nach § 812 Abs. 1 S.1 BGB direkt gegen die S.

b) Innenverhältnis Auftrag

aa) Grundprobleme bei einer Auftragserteilung im Innenverhältnis

111 Der Bevollmächtigung liegt bei Unentgeltlichkeit in der Regel ein Auftrag, bei Entgeltlichkeit ein Geschäftsbesorgungsvertrag zugrunde.[89]

85 BGHZ 122, 46, 51.
86 BGHZ 88, 232, 236.
87 BGH NJW 1999, 1393 ff.; ZEV 1999, 196 ff.
88 Nach der üblichen Bankpraxis gehen mit der Gutschrift der Wertpapiere bei der neuen Depotbank entsprechende Mitteilungen zu, aus denen zu entnehmen ist, zu wessen Lasten die Gutschriften erfolgten.
89 *Palandt* vor § 662 BGB Rn 6.

Handelt der Bevollmächtigte auf konkrete Anweisung durch den Vollmachtgeber, wenn er Verfügungen über die Konten trifft, ist von einem Auftrag auszugehen. Liegt keine konkrete Anweisungen vor, kommt eine Geschäftsführung ohne Auftrag in Betracht.[90]

Im Hinblick auf die Pflichten des Bevollmächtigten gelten insoweit jedoch für alle vorgenannten Konstellationen im Hinblick auf §§ 675, 677, 681 Satz 2 BGB i.V.m. §§ 666 bis 668 BGB dieselben Grundsätze. **112**

Durch § 666 BGB wird dem Beauftragten auferlegt, erforderliche Nachrichten zu geben, auf Verlangen über den Stand der Geschäfte Auskunft zu erteilen sowie nach Ausführung des Auftrags Rechenschaft nach § 259 BGB abzulegen. **113**

Nach § 667 BGB muß der Beauftragte alles herausgeben, was er zur Ausführung des Auftrags erhalten und aus der Geschäftsführung erlangt hat. **114**

Dazu kommt noch eine Verzinsungspflicht nach § 668 BGB, wenn der Beauftragte dem Auftraggeber gebührendes Geld für sich selbst verwendet hat.

Diese Pflichten führen in der Praxis nach Ableben des Vollmachtgebers häufig zu Streitigkeiten zwischen den Erben und dem Bevollmächtigten, wenn keine ausdrückliche Regelung des Innenverhältnisses erfolgte.

bb) Beispielsfall 3

„Beweislast bei Herausgabeansprüchen der Erben des Vollmachtgebers gegen den Bevollmächtigten bzgl. mit Kontovollmacht abgehobenen Geldbeträgen" **115**
Die Erblasserin erteilte ihrer Tochter T Kontovollmacht. Diese hebt von den Konten der Erblasserin unstreitig bis kurz vor deren Tod mehrere Barbeträge ab. Sohn S verlangt Herausgabe aller abgehobenen Beträge an die Erbengemeinschaft, da T diese Beträge nicht an die Erblasserin herausgegeben habe. T behauptet, alle Barbeträge an die Erblasserin herausgegeben zu haben.

Zur Beweislast gilt im Rahmen des § 666 BGB, daß den Abschluß des Auftragvertrages und den Umstand, daß der Beauftragte etwas erlangt hat, der Auftraggeber bzw. dessen Rechtsnachfolger beweisen muß. **116**

Demgegenüber trifft den Beauftragten die Beweislast bezüglich dem Verbleib des Erlangten.

90 LG Itzehoe, ZErb 1999, S. 29.

Lösung
T muß alle Barbeträge, die sie abgehoben hat, herausgeben, wenn es ihr nicht gelingt, Beweis dafür zu erbringen, daß der Herausgabeanspruch durch Übergabe an die Erblasserin nach § 362 BGB bereits erfüllt ist.

Tip
117 Insbesondere bei der Übergabe von Geldbeträgen an den Vollmachtgeber sollte sich der Beauftragte daher stets eine Quittung ausstellen lassen bzw. Zeugen hinzuziehen. Seitens des Auftraggebers ist daran zu denken, die Pflichten eines Bevollmächtigten gegenüber den Rechtsnachfolgern zu verringern, indem bei der Ausgestaltung des Grundverhältnisses zumindest eine Beweislasterleichterung vereinbart wird.

III. Widerruf der Vollmacht

1. Rechtliche Grundlagen

118 Vor Eintritt der Geschäftsunfähigkeit kann der Vollmachtgeber den Bevollmächtigten wirksam selbst überwachen und einem etwaigen Mißbrauch der Vollmacht entgegentreten, indem er die Vollmacht widerruft. Dies ist nach Eintritt der Geschäftsunfähigkeit nicht mehr möglich.

Nach dem Tod des Vollmachtgebers kann eine trans- bzw. postmortale Vollmacht jederzeit von den Erben widerrufen werden. Jeder Miterbe hat mit Wirkung für sich das Recht, die Vollmacht zu widerrufen. Dies gilt auch während einer bestehenden Erbengemeinschaft und trotz angeordneter Testamentsvollstreckung.

Voraussetzung für den Widerruf ist, daß der Widerrufende sich erbrechtlich z.B. durch Vorlage des Erbscheins oder Testaments mit Eröffnungsprotokoll legitimieren kann. Gelingt ihm dies nicht, kann kein wirksamer Widerruf erfolgen.

119 Das Widerrufsrecht steht auch dem Nachlaßverwalter und dem Nachlaßpfleger zu.

120 Strittig ist, ob auch ein Testamentsvollstrecker eine postmortale Vollmacht widerrufen kann. Während dies in der Literatur durchgehend bejaht wird, verneint es die Rechtsprechung.[91]

91 Hanseatisches Reichsgericht HANS RGZ 33 B 325.

Wurde der Widerruf vom Vollmachtgeber ausgeschlossen, kann die Vollmacht von den Erben immer noch aus einem wichtigen Grund widerrufen werden. 121

2. Beispielsfall 4

„Widerruf postmortaler Vollmachten" 122
E setzt seine Frau F. zur Alleinerbin ein, Tochter T erteilt er postmortale Kontovollmacht bei der B Bank. Nach Versterben des E ruft F am 05.05. bei der B Bank an und widerruft die zugunsten der T bestehende Kontovollmacht. Am 06.05. hebt die T den kompletten Guthabensbetrag ab und verreist unbekannt.

Hat F Ansprüche gegen B?

Lösung
Da sich die F nicht erbrechtlich legitimiert hat, konnte sie die Kontovollmacht der T nicht wirksam widerrufen. Die B hat somit schuldbefreiend an T geleistet.
Insbesondere mußte die B hier auch nicht die Ausführung von Weisungen der T zurückstellen oder Sicherungsmaßnahmen ergreifen, bis die Rechtsnachfolge geklärt ist, da auch gegenüber dem Vollmachtgeber als ursprünglichem Vertragspartner der Bank eine solche Pflicht zur Sicherung seiner Interessen nicht bestanden hat.

Daß das auf den Erben übergegangenen Widerrufsrecht häufig keinen Schutz 123 bietet, weil sein Widerruf zu spät erklärt wird, ist im Hinblick auf den Zweck einer postmortalen Vollmacht hinzunehmen. Sie soll es dem Bevollmächtigten gerade ermöglichen, unabhängig vom Willen der Erben und auch vor ihrer Ermittlung tätig werden zu können. Der Bevollmächtigte handelt nämlich, obwohl er nun die Erben vertritt, aufgrund einer Vollmacht des Erblassers. Dieser hat Zeitdauer und Umfang festgelegt. Sein Wille bleibt bis zum Widerruf durch die Erben maßgeblich, so daß es auf die Zustimmung der Erben zu dem Handeln des Bevollmächtigten nicht ankommt. Deshalb kann die Bank auch nicht gehalten sein, eine solche Zustimmung abzuwarten oder ihre Erteilung oder Versagung durch Zuwarten zu ermöglichen.[92]

92 Vgl. BGH NJW 1995, 250f.

Tip

124 Vom Rechtsanwalt sollte bei Mißbrauchsgefahr zu Lasten des Mandanten der sofortige Widerruf unter Nachweis der erbrechtlichen Legitimation schriftlich erklärt werden.
Kann sich der Mandant erbrechtlich nicht legitimieren, muß eine Kontensperrung beantragt werden, wenn dargestellt werden kann, daß die Erben noch unbekannt sind.

3. Widerruf und Rechtsscheinswirkung der Vollmacht gem. § 172 BGB

125 Selbst wenn die Vollmacht wirksam widerrufen wurde, ist zu beachten, daß die einmalige Vorlage der Vollmachtsurkunde beim ersten Rechtsgeschäft mit dem Dritten genügt, auf die dann bei jedem weiteren Vertretergeschäft Bezug genommen werden kann.[93] Vorausgesetzt ist dabei jedoch, daß die Urkunde dem Vollmachtgeber nicht inzwischen zurückgegeben worden ist und auch inhaltlich das neue Rechtsgeschäft deckt. Zwar trägt in diesen Fällen der Bezugnahme der Dritte das alleinige Risiko, daß die Vollmachtsurkunde inzwischen dem Vollmachtgeber zurückgegeben worden ist.[94] Jedoch sind Streitigkeiten über den genauen Zeitpunkt des Geschäftsabschlusses wie der Urkundenrückgabe vorprogrammiert.

Tip

126 Es empfiehlt sich daher, eine Wirksamkeitsklausel[95] in die Vollmacht mit aufzunehmen, die besagt, daß die Vollmacht nur wirksam ist, soweit und solange der Bevollmächtigte bei der Vornahme einer jeden Vertreterhandlung auch im unmittelbaren Besitz der Vollmacht ist.
Wurde eine solche oder ähnliche Klausel in die Vollmacht mitaufgenommen lassen sich Streitigkeiten über den genauen Geschäftsabschluß und die Urkundenrückgabe vermeiden. Denn der Geschäftspartner hat zu beweisen, daß der Vertreter zum Zeitpunkt des Abschlusses eines jeden Vertretergeschäfts im unmittelbaren Besitz einer Vollmacht war.[96]

93 *Staudinger/Schilken*, §172 Rn 5 m.w.N., *Waldner/Mehler*, Probleme des § 172 BGB, insbesondere bei der Vorsorgevollmacht, MittBayNot 1999, S. 261 ff.

94 Vgl. *Soergel/Leptien*, § 172 Rn 4.

95 Nach *Waldner/Mehler*, MittBayNot 1999, S. 261 ff.

96 *Waldner/Mehler*, Probleme des § 172 BGB, insbesondere bei der Vorsorgevollmacht, MittBayNot 1999, S. 261 ff.

IV. Kontrollbetreuer nach § 1896 Abs. 3 BGB

Der Vollmachtgeber überwacht zunächst selbst die ordnungsgemäße Ausübung der Vollmacht. Erst wenn er hierzu nicht mehr in der Lage ist und eine Überwachung erforderlich wird, ist ein Kontroll- oder Vollmachtsbetreuer zu bestellen. **127**

Voraussetzung für die Bestellung eines Kontroll- oder Vollmachtsbetreuers ist zunächst die Feststellung, daß eine Vollmacht wirksam erteilt war und daß sie nicht wieder, z. B. durch Widerruf, erloschen ist.[97]

Liegen dann konkrete Umstände vor, die darauf hindeuten, daß der Vertreter mit seinem Verhalten bewußt zum Nachteil des Vertretenen handelt, kann nach § 1896 Abs. 3 BGB für den dann vorliegenden Fall des konkreten Überwachungsbedarfs ein Betreuer durch das Vormundschaftsgericht bestellt werden.[98] Diesem obliegt als Aufgabenkreis dann das Geltendmachen von Rechten des Betreuten gegenüber seinem Bevollmächtigten. Er wird nicht gesetzlicher Vertreter des Betreuten, sondern überwacht lediglich die ordnungsgemäße Vollmachtsausübung. Bei Mißbräuchen kann er die Vollmacht nach §§ 1896 Abs. 2 S. 1, 1902 BGB[99] widerrufen und etwaige Schadensersatzansprüche aus dem Grundverhältnis zwischen Vollmachtgeber und Bevollmächtigtem durchsetzen.[100]

Zu unterscheiden ist davon der Fall, daß das Vormundschaftsgericht einen Betreuer mit demselben Aufgabenbereich wie dem des Bevollmächtigten bestellt.[101] In diesem Fall sind nur noch die Weisungen des Betreuers maßgeblich. Die Vollmacht selbst bleibt von der Bestellung eines Betreuers aber unberührt, es gelten jedoch die Grundsätze über den Vollmachtsmißbrauch.[102] **128**

97 BayObLG FamRZ 1993, 1249.

98 Vgl. hierzu BT-Drucks. 11/4528, S. 123: Dies (die Vollmachtsbetreuung) wird insbesondere dann der Fall sein, wenn der Umfang und die Schwere der Geschäfte oder ein vorangegangenes Verhalten des Bevollmächtigten eine Überwachung angezeigt erscheinen lassen. Wo z. B. nahe Verwandte aufgrund der Vollmacht die Alltagsgeschäfte erledigen, wird vielfach auch die Bestellung eines Betreuers entbehrlich sein.

99 *Palandt,* vor § 1896, Rn 11.

100 BayObLG, FamRZ 1994, 1550f.

101 Dies kommt in Betracht, wenn die Vollmacht z. B. nicht wirksam erteilt wurde oder der Regelungsinhalt der Vollmacht unklar ist.

102 MüKo, § 168, Rn 13.

V. Rechtsgeschäftliche Beschränkung

129 Da ein Kontrollbetreuer nur bei konkretem Anlaß zu bestellen ist, kann zusätzlich eine rechtsgeschäftliche Beschränkung sinnvoll sein. Zum einen bietet sich, wie bereits ausgeführt, an, besondere Vorstellungen des Vollmachtgebers durch verbindliche Weisungen in das der Vollmacht zugrunde liegende Grundverhältnis aufzunehmen.

130 Zusätzlich kann eine Beschränkung durch Benennung der nicht vorzunehmenden Tätigkeiten in der Vollmacht selbst vorgenommen werden. Für diese durch die Vollmacht ausgenommenen Ausgaben ist, gegebenenfalls ein Betreuer zu bestellen, der seinerseits den gesetzlichen Genehmigungsvorbehalten unterliegt. Dabei ist zu beachten, daß eine Beschränkung der Vollmacht hinreichend und konkret gestaltet wird. Um nicht Gefahr zu laufen, daß wegen unzureichender Bevollmächtigung insgesamt ein Betreuer seitens des Vormundschaftsgerichtes bestellt werden muß, sollte eine Reduzierung der Aufgaben des Bevollmächtigten nur in wenigen Ausnahmefällen vorgenommen werden.

Die Beschränkung ist dabei auf Ausnahmen zu erstrecken, wie bspw. Verfügungen über bestimmte, wichtige Gegenstände, Verfügungen über Forderungen und Wertpapiere, Verfügungen über das Vermögen im ganzen, Annahme und Ausschlagung von Erbschaften, Aufnahme von Krediten, Eingehung von Bürgschaften und andere Verbindlichkeiten größeren Umfangs, Grundstücksgeschäfte und Schenkungen. Je nach Umfang des zu verwaltenden Vermögens sind entsprechende Grenzen zu setzen. Dabei muß beachtet werden, daß durch die getroffenen Beschränkungen eine sinnvolle Verwaltung insgesamt nicht gefährdet wird.

VI. Die Doppelvollmacht

131 Solange der Vollmachtgeber geschäftsfähig ist, wird er i.d.R. den Bevollmächtigten selbst überwachen können und die Vollmacht ggfs. im Mißbrauchsfalle widerrufen.

Insbesondere aber wenn der Bevollmächtigte geschäftsunfähig wird, kann er eine Kontrolle des Bevollmächtigten nicht mehr selbst vornehmen.

132 Für diesen Fall besteht die Möglichkeit, die Vorsorgevollmacht als Doppelvollmacht zu erteilen.[103] Die Bevollmächtigung einer zweiten Person hat den Vorteil der gegenseitigen Kontrolle der Bevollmächtigten.

103 Vgl. Walter, FamRZ 1999, 687.

Doppelvollmacht kann in der Weise erteilt werden, daß grundsätzlich beide Vertreter umfassend vertretungsbefugt sind, jedoch im Innenverhältnis die Aufgabe des einen Vertreters lediglich in der Überwachung des anderen Vertreters besteht. Der sogenannte Überwachungsvertreter wird somit nach außen nur im Konfliktfall tätig, wenn der angewiesene Vertreter den Anweisungen nicht folgt.

Zur weiteren Absicherung kommt die Vollmachtserteilung nur in Gesamtvertretung in Betracht. In diesem Fall können die Bevollmächtigten Vertretungshandlungen nur gemeinsam vornehmen. Auch kann nur hinsichtlich bestimmter Aufgaben eine Gesamtvertretung angeordnet werden. Die Vertreter können sich untereinander ermächtigen, für bestimmte Aufgaben ohne Zustimmung zu handeln. **133**

Eine Gesamtvertretung in allen Angelegenheiten hat den Nachteil, daß die Vertreter übermäßig gebunden sind und wird daher regelmäßig nicht zu empfehlen sein.

F. Die Grenzen der Vollmachten

I. Grundsätzliches

Da der Bevollmächtigte nicht die Stellung eines gesetzlichen Vertreters erlangt, ist im Rechtsverkehr niemand verpflichtet, sich auf eine Bevollmächtigung einzulassen.[104] Es gelten die Prinzipien der Vertragsfreiheit. Gleichwohl läßt sich das Wirtschaftsleben weitgehend auf Geschäfte, die über Bevollmächtigte abgewickelt werden, ein.[105] Bei Bedenken kann schließlich jederzeit Rückfrage beim Bevollmächtigenden eingeholt werden. Ist dies nicht möglich, weil der Bevollmächtigende hierzu aus tatsächlichen oder rechtlichen Gründen nicht in der Lage ist, muß im Einzelfall trotz wirksamer Vollmachtserteilung nach § 1896 Abs. 1 und 2 BGB ein Betreuer mit dem entsprechenden Aufgabenkreis gerichtlich bestellt werden. **134**

104 Vgl. insoweit *Bienwald,* Weiteres zur Unvollkommenheit der Vorsorgevollmacht gegenüber der Betreuung, BtPrax 3/99, 92f., der hier u. a. für den Fall des Strafverfahrens auf die Vorschriften der §§ 77 Abs. 3 StGB und §§ 52, 81 c StPO hinweist, in denen von Bevollmächtigten keine Rede ist, sowie darüber hinaus Probleme einer Bevollmächtigung in Zusammenhang mit dem Unterbringungsrecht sieht.

105 Stets Vorsicht geboten ist jedoch bei handschriftlichen Kontovollmachten. Diese werden von vielen Banken nicht akzeptiert.

II. Die Grenzen im rechtsgeschäftlichen Bereich

135 Zwar kann es im Mißbrauchsfalle hilfreich sein, eine Vollmacht widerrufen zu können, gerade im Bereich der rechtsgeschäftlichen Vollmachten kann der Erblasser aber ein Interesse an der Unwiderruflichkeit der Vollmacht haben.

Der Nachteil der postmortalen Vollmacht ist, daß sie seitens der Erben und hier von jedem einzelnen jederzeit widerrufen werden kann.[106] Gleiches gilt für den Nachlaßverwalter und den Nachlaßpfleger. Strittig ist, ob auch ein Testamentsvollstrecker eine postmortale Vollmacht widerrufen kann. Während dies in der Literatur durchgehend bejaht wird, verneint es die Rechtsprechung.[107]

Jeder Miterbe hat mit Wirkung für sich das Recht, die Vollmacht zu widerrufen. Dies gilt auch während einer bestehenden Erbengemeinschaft und trotz angeordneter Testamentsvollstreckung.

136 Wurde der Widerruf vom Vollmachtgeber ausgeschlossen, so kann die Vollmacht von den Erben immer noch aus einem wichtigen Grund widerrufen werden.

137 Ein Widerruf der Vollmacht kann nur durch entsprechende erbrechtliche Strafklauseln und Auflagen verhindert werden.[108] So kann beispielsweise ein den Erben belastendes aufschiebend bedingtes Vermächtnis für den Fall, daß dieser die Vollmacht widerruft, seitens des Erblassers ausgesetzt werden.

Die Erteilung einer abstrakten, unwiderruflichen Generalvollmacht über den Tod hinaus wird wegen der nicht zu billigenden Knebelung der Erben und der damit verbundenen Umgehung der Testamentsvollstreckung als sittenwidrig angesehen.[109] Sie gilt als widerruflich fort, wenn der Erblasser sie auch ohne Verzicht auf das Widerrufsrecht erteilt hätte.[110]

III. Die Grenzen von Vollmachten im persönlichen Bereich

Wie auch sonst im Rechtsverkehr gilt bei Abschluß eines Arzt- und Behandlungsvertrages sowie bei anderen die Personensorge betreffenden Verträgen der Grundsatz der Vertragsfreiheit.

106 Vgl. oben § 1 Rn 117.
107 Hanseatisches Reichsgericht HANS RGZ 33 B 325.
108 BayObLG, FamRZ 1986, 34; *Nieder,* Handbuch der Testamentsgestaltung, Rn 689.
109 BGH DNotZ 1997, 229; *Palandt/Edenhofer,* vor § 2197 Rn 8, 11.
110 *Palandt/Edenhofer,* vor § 2197 Rn 20.

Nach § 1 Abs. 7 S. 1 BÄO kann der Arzt abgesehen von Notfällen, eine Behandlung, die an bestimmte Wünsche und Vorstellungen gebunden sein soll, ablehnen.[111] **138**

Daher braucht sich ein Arzt nicht auf eine Behandlung einlassen, bei der er Willen und Wünsche nicht vom Patienten, sondern nur über einen Bevollmächtigten erfährt. Dies gilt umso mehr, wenn der Bevollmächtigte ärztliche Maßnahmen herbeiführen will, von denen ein Arzt im Interesse des Patienten abrät.

Hier kann somit im Einzelfall eine Betreuerbestellung nach § 1896 Abs. 1 und Abs. 2 erforderlich werden.

G. Die Haftung des Bevollmächtigten und des Vollmachtgebers

Bei der Frage der Haftung eines Bevollmächtigten muß zwischen der Haftung gegenüber dem Vollmachtgeber und gegenüber einem Dritten unterschieden werden. **139**

Gegenüber dem Vollmachtgeber haftet der Bevollmächtigte nach Maßgabe des der Vollmacht zugrunde liegenden Vertrages. Arbeitet der Vertreter entgeltlich, so liegt ein Geschäftsversorgungsvertrag im Sinne des § 675 BGB vor. Übernimmt der Bevollmächtigte die Vertretung unentgeltlich, so liegt im Grundverhältnis ein Auftrag gemäß § 662 BGB vor. In beiden Fällen haftet der Bevollmächtigte dem Vollmachtgeber für jede fahrlässige oder vorsätzliche Verletzung seiner Pflichten aus dem Grundverhältnis.

Tip

Angesichts dieser weitreichenden Haftung des Bevollmächtigten ist bei Errichtung der Vorsorgevollmacht zu bedenken, ob eine Haftung gegenüber dem Vollmachtgeber vertraglich auf Vorsatz und grobe Fahrlässigkeit zu beschränken ist. **140**

Gegenüber Dritten haftet nach § 278 BGB der Vollmachtgeber, wenn der Bevollmächtigte bei rechtsgeschäftlichem Handeln im Rahmen seiner Tätigkeit einem Dritten schuldhaft, das heißt fahrlässig oder vorsätzlich, einen Schaden zugefügt hat. Im Innenverhältnis ist allerdings der Bevollmächtigte nach den oben genannten Grundsätzen dem Vollmachtgeber für den Schaden verant- **141**

111 *Bienwald,* § 1896 Rn 106.

wortlich. Der Bevollmächtigte haftet dem Dritten selbst für eigenes Verschulden.

142 Dagegen haftet der Bevollmächtigte grundsätzlich nicht für Schäden, die der Vollmachtgeber Dritten zufügt. Eine Haftung des Bevollmächtigten für solche Schäden kann nur dann angenommen werden, wenn der Vertreter die Aufsicht über den Vollmachtgeber vertraglich ausdrücklich übernommen hat und die Schädigung des Dritten auf eine Verletzung der Aufsichtspflicht zurückzuführen ist.[112]

H. Vor- und Nachteile der Vorsorgevollmacht

I. Vorteile

143 Die Vorteile einer Vorsorgevollmacht sind vielfältig:[113]

Der Vollmachtgeber kann privatautonom den Bevollmächtigten auswählen und den Umfang und die Kontrollmechanismen selbst bestimmen. Da der Vollmachtgeber sein Umfeld und seine persönlichen Lebensgewohnheiten sehr genau kennt, kann er naturgemäß sachnäher und insbesondere unter größtmöglicher Wahrung seiner Interessen eine Betreuung gestalten. Eine staatliche Bevormundung kann nur eingeschränkt stattfinden.

Wichtig ist die Vollmacht vor allem bei nichtehelichen Lebensgefährten, die inzwischen auch im Alter immer häufiger werden, und die ansonsten rechtlos wären.

144 Desweiteren ermöglicht die vorsorgende Erteilung einer Vorsorgevollmacht eine kontinuierliche Vermögensverwaltung und damit auch eine lückenlose Versorgung naher Angehöriger. Eine sukzessive Einsatzerweiterung und Reduzierung nach Bedarf ist problemlos möglich. Gerade bei größeren Vermögen und Gesellschaftsbeteiligungen kann die Existenz eines schnell und ohne gerichtliche Genehmigungserfordernisse handlungsfähigen Bevollmächtigten sehr wichtig sein. Die Bevollmächtigung bildet insoweit auch eine Alternative zur lebzeitigen Übertragung.

145 Ein weiterer Vorteil ist auch der Schutz der Privatsphäre des Vollmachtgebers. Weil das Handeln durch den Bevollmächtigten völlig wertneutral ist, erfährt die Umwelt von der geistigen oder körperlichen Betreuungsbedürftigkeit

112 Vgl. § 832 Abs. 2 BGB.
113 *Perau*, MittRhNotK Heft 10 1996, 299; vgl. *Langenfeld*, 22 ff.; vgl. *Stolz*, Betreuung ist gut, Vorsorge ist besser (?), BWNotZ 4/98, 75 ff.; vgl. § 3 Rn 3 ff.

nichts. Ein sehr belastendes und von den Betroffenen vielfach als entwürdigend empfundenes Prüfungsverfahren einer Betreuungsbedürftigkeit kann so auch vermieden werden.

Aber auch psychisch ist der Vollmachtgeber in einer stärkeren Position. Der 146
Betreuer ist vom Gericht – wenn auch ggfs. auf Wunsch des Betreuten – ernannt, während der Vollmachtgeber den Bevollmächtigten aufgrund eigener Handlung selbst eingesetzt hat. Er tritt daher selbstbewußter gegenüber seinem Bevollmächtigten auf als gegenüber einem hoheitlich eingesetzten Betreuer. Allein die Anordnung der Betreuung kann schon zu einer seelischen und geistigen Belastung führen.

Die Betreuung ist zwar rein begrifflich „schöner" als die Entmündigung, der Sache nach wird sie von der Bevölkerung aber ebenso verstanden.

Die Vollmacht ist insgesamt schneller einsetzbar, wesentlich flexibler und un- 147
bürokratischer als die Betreuung. Eine Lösung der Probleme innerhalb der Familie ohne staatliche Intervention ist möglich. Und nicht zuletzt erspart sie der Allgemeinheit Kosten, die ansonsten durch eine Betreuerbestellung anfallen würden.

II. Nachteile

Als wesentliche Nachteile der Vorsorgevollmacht sind aufzuführen: 148

Eine oder ggfs. mehrere echte Vertrauensperson/en sind nötig. Sind diese nicht zur Hand, ist von einer Vollmachtserteilung dringend abzuraten.

Zwar liegt es im Wesen der Vollmacht, daß eine Mißbrauchsgefahr besteht, aber auch bei einer vormundschaftsgerichtlichen Betreuerbestellung kann ein Mißbrauch nicht ausgeschlossen werden. Wenngleich bei einer Vorsorgevollmacht keine Überwachung durch das Vormundschaftsgericht erfolgt, besteht immer noch die Möglichkeit, durch die Bestellung eines Kontrollbetreuers einem Mißbrauch seitens des Vormundschaftsgerichts entgegenzuwirken. Hier kann sich allenfalls als Nachteil erweisen, daß sich bei einem Streit in der Familie weder Bevollmächtigter noch Vollmachtgeber auf die Kontrolle durch das Vormundschaftsgericht berufen können.

Unter Berücksichtigung der Kostenseite ist zu beachten, daß es eine Kosten- 149
erstattung durch die Staatskasse nicht gibt. Bei fehlendem Vermögen ist die Betreuung für die Familie damit „günstiger".

Nicht übersehen werden darf aber auch der Betreuungsalltag: Amtliche Be- 150
treuer werden gem. §§ 1908i, 1837 BGB – wenigstens theoretisch – vom Vor-

mundschaftsgericht in ihr Amt eingeführt.[114] Sie können sich Rat und Hilfe beim Vormundschaftsgericht, bei der Betreungsbehörde oder einem Betreuungsverein holen. Diese Möglichkeiten hat der Bevollmächtigte in dieser Form nicht. Fraglich bleibt also immer, ob ein Bevollmächtigter selbst bei bestem Willen und Einsatz den Willen des Betreuten gegenüber Dritten durchzusetzen vermag.

I. Gestaltungsformen

I. Gestaltungsgrundsätze

151 Bei der Gestaltung des Umfangs einer Vollmacht ist folgendes zu bedenken: Ist die Vollmacht zu weit gefaßt, besteht eine erhöhte Mißbrauchsgefahr während bei zu eng gefaßten Einzelfallvollmachten die Autonomie des Vollmachtgebers nicht gewahrt sein kann und für nicht geregelte Lücken der Vollmacht ein Betreuer bestellt wird.

Gleichzeitig ist diese Gradwanderung aber auch ein kreatives Mittel für den Vollmachtgeber, einzelne Teilbereiche autonom durch Vollmachtserteilung zu regeln aber andere, bei denen ggfs. eine erhöhte Mißbrauchsgefahr besteht, durch einen gerichtlich überwachten Betreuer erledigen zu lassen.

II. Muster

152 ***1. Generalvollmacht für vermögensrechtliche und persönliche Angelegenheiten des Vollmachtgebers (mit Vorschlag für evtl. Kontrollbetreuer)***

Generalvollmacht
von

Name:
Vorname:
Geburtsdatum:
Straße:
PLZ/Wohnort:
Telefon:

114 *Stolz*, BWNotZ 4/98, 79.

Ohne Zwang und aus freiem Willen bevollmächtige ich

Frau/Herrn
Name:
Vorname:
Geburtsdatum:
Straße:
PLZ/Wohnort:
Telefon:

soweit gesetzlich möglich, mich in allen persönlichen Angelegenheiten, auch soweit sie meine Gesundheit betreffen, sowie in allen Vermögens-, Steuer- und sonstigen Rechtsangelegenheiten in jeder denkbaren Richtung zu vertreten.

Die Vollmacht beinhaltet ausdrücklich auch

- Vermögenserwerbungen und -veräußerungen sowie Belastungen jeder Art für den Vollmachtgeber vorzunehmen und Verbindlichkeiten beliebiger Art und Höhe für mich – auch in vollstreckbarer Form – einzugehen;
- Vermögenswerte beliebiger Art, namentlich Geld, Sachen, Wertpapiere und Schriftstücke für mich in Empfang zu nehmen;
- über meine vorhandenen Konten bei Banken beliebig zu verfügen;[115]
- Verträge sonstiger Art unter beliebigen Bestimmungen abzuschließen, Vergleiche einzugehen, Verzichte zu erklären und Nachlässe zu bewilligen;
- mich als Erben, Pflichtteilsberechtigten, Vermächtnisnehmer, Schenker oder Beschenkten in jeder Weise, namentlich auch bei Vermögens- und Gemeinschaftsauseinandersetzungen jeder Art, zu vertreten und auch Ausschlagungserklärungen für mich abzugeben;
- meine Versorgungsangelegenheiten (Pension, Rente usw.) zu regeln;
- Prozesse für mich als Kläger oder Beklagter zu führen und hierbei die Rechte eines Prozeßbevollmächtigten im vollen Umfange des § 81 ZPO auszuüben, mich in allen gerichtlichen und außergerichtlichen Verfahren als Gläubiger oder Schuldner, Kläger oder Beklagten oder in jeder sonstwie in Frage kommenden Eigenschaft ohne jede Einschränkung zu vertreten;
- zu allen Verfahrenshandlungen, auch i.S.v. § 13 SGB X;
- den Haushalt aufzulösen und über das Inventar zu verfügen;
- Vereinbarungen mit Kliniken, Alters- und Pflegeheimen abzuschließen und zum Zwecke hierfür Sicherungshypotheken auch für den Sozialhilfeträger zu bestellen;

115 Im Bereich der Kontovollmachten akzeptieren viele Banken nur Vollmachten, die unter Verwendung der bankeigenen Vollmachtsformulare erstellt werden. Dies sollte vorab vom Vollmachtgeber in Erfahrung gebracht werden.

- über Art und Umfang der Beerdigung zu entscheiden und Sterbegelder in Empfang zu nehmen und darüber zu quittieren;
- den Nachlaß bis zur amtlichen Feststellung der Erben in Besitz zu nehmen und zu verwalten;
- den Vollmachtgeber gegenüber Gerichten zu vertreten sowie Prozeßhandlungen aller Art vorzunehmen.

Im Bereich der gesundheitlichen Fürsorge und des Selbstbestimmungsrechts umfaßt diese Vollmacht insbesondere folgende Maßnahmen:

- Die Aufenthaltsbestimmung, vor allem die Entscheidung über die Unterbringung in einem Pflegeheim oder Hospiz, in einer geschlossenen Anstalt, Aufnahme in ein Krankenhaus oder eine ähnliche Einrichtung;
- Eine Maßnahme nach § 1906 Abs. 1 BGB, eine Unterbringung, die zu meinem Wohl erforderlich ist, weil aufgrund einer psychischen Krankheit oder geistigen oder seelischen Behinderung die Gefahr besteht, daß ich mich selbst töte, oder erhebliche Gefahr besteht, daß ich mir gesundheitlichen Schaden zufüge, oder eine Untersuchung meines Gesundheitszustandes, eine Heilbehandlung oder ein ärztlicher Eingriff notwendig ist, oder meine Unterbringung nicht durchgeführt werden kann und ich aufgrund einer psychischen Krankheit oder geistigen oder seelischen Behinderung die Notwendigkeit einer solchen Unterbringung nicht kennen oder nicht nach dieser Einsicht handeln kann.
- Eine Maßnahme nach § 1906 Abs. 4 BGB, ich mich also in einer Anstalt, einem Heim oder sonstigen Einrichtung aufhalte, ohne dort untergebracht zu sein, und mir die Freiheit über einen längeren Zeitraum oder regelmäßig durch mechanische Vorrichtungen, Medikamente oder auf andere Weise entzogen werden soll.
- Maßnahmen nach § 1904 Abs. 1 BGB, also die Einwilligung in eine Untersuchung meines Gesundheitszustandes, eine Heilbehandlung oder einen ärztlichen Eingriff, wenn die begründete Gefahr besteht, daß ich aufgrund dieser Maßnahme versterben oder einen schweren und länger andauernden gesundheitlichen Schaden erleiden kann.
- Die Entscheidung über die Verabreichung von Medikamenten, die erhebliche unerwünschte Nebenwirkungen haben oder haben können.
- Die Entscheidung darüber, ob bei einem voraussichtlich länger andauernden Zustand der Bewußtlosigkeit (Wachkoma) eine künstliche Ernährung oder Flüssigkeitszufuhr eingeleitet oder abgebrochen wird.
- Die Entscheidung über einen Behandlungsabbruch oder die Einstellung lebenserhaltender oder lebensverlängernder Maßnahmen, wenn das Grundleiden mit infauster Prognose irreversiblen Verlauf genommen hat und ich mich in einem Zustand befinde, in dem ein bewußtes und umweltbezogenes Leben mit eigener Persönlichkeitsgestaltung nicht mehr möglich ist. Zu den lebenserhaltenden Maßnahmen gehören insbesondere künstliche Wasser- und Nah-

rungszufuhr, Sauerstoffzufuhr, künstliche Beatmung, Medikation, Bluttransfusion und Dialyse.

Er kann hierzu in die Krankenunterlagen einsehen und alle Auskünfte und Informationen von den behandelnden Ärzten und dem Krankenhaus verlangen; diese werden von der Schweigepflicht entbunden.

- Die Entscheidung darüber, ob nach meinem Tod zu Transplantationszwecken Organe entnommen werden dürfen.
- Die Kontrolle darüber, ob die Klinik, die Ärzte und das Pflegepersonal mir trotz meiner Bewußtlosigkeit oder Entscheidungsunfähigkeit eine angemessene ärztliche und pflegerische Betreuung zukommen lassen, die zugleich auch eine menschenwürdige Unterbringung umfaßt. Die Kontrolle bezieht sich auch auf eine Sterbebegleitung und die Leithilfe, die Ärzte und Pflegepersonal verpflichtet, Schmerz, Atemnot, unstillbarem Brechreiz, Erstickungsangst oder vergleichbar schweren Angstzuständen entgegenzuwirken, selbst wenn mit diesen palliativen Maßnahmen das Risiko einer Lebensverkürzung nicht ausgeschlossen werden kann.
- Im Falle der Bestellung eines Betreuers oder Kontrollbetreuers seitens des Vormundschaftsgerichts gelten diese Anweisungen gleichzeitig auch für den Betreuer.

Die bevollmächtigte Person darf in meinem Namen auch bereits erteilte Einwilligungen zurücknehmen oder Einwilligungen verweigern, Krankenunterlagen einsehen und deren Herausgabe an Dritte bewilligen.

Sollte das Vormundschaftsgericht eine Betreuung oder eine Kontrollbetreuung für erforderlich halten, möchte ich, daß hierzu bestimmt wird:

Frau/Herrn
Name:
Vorname:
Geburtsdatum:
Straße:
PLZ/Wohnort:
Telefon:

Die Vollmacht wird mit der Unterzeichnung durch mich wirksam und gilt nach außen uneingeschränkt.

Im Innenverhältnis wird der Bevollmächtigte jedoch angewiesen, die Vollmacht nur nach meiner vorherigen Weisung zu gebrauchen.

Die Vollmacht ist nur wirksam, soweit und solange der Bevollmächtigte bei einer Vornahme einer jeden Vertreterhandlung im unmittelbaren Besitz der Vollmachtsurkunde ist.

Der Bevollmächtigte kann diese Vollmacht ganz oder teilweise auf andere übertragen und eine solche Übertragung widerrufen.

Von den Beschränkungen des § 181 BGB ist der Bevollmächtigte befreit.

Der Bevollmächtigte erhält neben seinem Auslagenersatz das folgende monatliche Entgelt:

Die Vollmacht erlischt nicht, wenn der Vollmachtgeber geschäftsunfähig werden sollte; sie erlischt auch nicht durch den Tod des Vollmachtgebers.

Die Vollmacht ist frei widerruflich.

Ort, Datum

Unterschrift des Vollmachtgebers

Unterschrift des Bevollmächtigten

Zeuge (nicht zwingend notwendig)

Diese Vollmacht entspricht nach wie vor meinem Willen:

Ort, Datum

Unterschrift des Vollmachtgebers

2. Vollmacht mit wechselseitiger Einsetzung der Ehegatten

153 Wir, die Ehegatten
ernennen uns hiermit gegenseitig zu

Generalbevollmächtigten

unter Genehmigung aller bereits getätigten Handlungen und ermächtigen uns zur Besorgung aller persönlichen Angelegenheiten und Belange und aller Vermögensangelegenheiten mit der Befugnis, alle Rechtshandlungen vorzunehmen, bei welchen eine Stellvertretung gesetzlich zulässig ist.

Diese Vollmacht beinhaltet ausdrücklich auch:

(s. Muster 1: Generalvollmacht für vermögensrechtliche und persönliche Angelegenheiten des Vollmachtgebers [mit Vorschlag für evtl. Kontrollbetreuer])

3. *Vorsorgevollmacht mit Kontrollmechanismus*[116] */ Doppelvollmacht*

Generalvollmacht
von

Name: 154
Vorname:
Geburtsdatum:
Straße:
PLZ/Wohnort:
Telefon:

Ohne Zwang und aus freiem Willen bevollmächtige ich

Frau/Herrn
Name:
Vorname:
Geburtsdatum:
Straße:
PLZ/Wohnort:
Telefon:

Und

Frau/Herrn
Name:
Vorname:
Geburtsdatum:
Straße:
PLZ/Wohnort:
Telefon:

soweit gesetzlich möglich, mich in allen persönlichen Angelegenheiten, auch soweit sie meine Gesundheit betreffen, sowie in allen Vermögens-, Steuer- und sonstigen Rechtsangelegenheiten in jeder denkbaren Richtung zu vertreten.

Die Vollmacht beinhaltet ausdrücklich auch:

(s. Muster 1: Generalvollmacht für vermögensrechtliche und persönliche Angelegenheiten des Vollmachtgebers [mit Vorschlag für evtl. Kontrollbetreuer])

Beide Bevollmächtigten sind im Außenverhältnis alleinvertretungsberechtigt, sollen sich im Innenverhältnis gleichwohl untereinander abstimmen. Die Bevollmächtigten sind zu wechselseitiger Kontrolle der Vollmachtsausübung und zur Geltendmachung der Rechte aus dem Innenverhältnis berufen und verpflichtet. Der wechselseitige Widerruf der Vollmacht ist ausgeschlossen. Über die gegen-

116 Nach *Perau,* MittRhNotK Heft 10 1996, 300.

seitige Kontrolle der Bevollmächtigten hinaus ist keine weitere Überwachung durch Dritte nötig. Sollte das Vormundschaftsgericht eine Vollmachtsbetreuung für erforderlich halten, soll jeder Bevollmächtigte Vollmachtsbetreuer für den jeweils anderen sein.

4. Vollmacht zur Regelung der persönlichen Angelegenheiten

155 **Vollmacht**

Ich,

Name:
Vorname:
Geburtsdatum:
Straße:
PLZ/Wohnort:
Telefon:

bevollmächtige ohne Zwang und aus freiem Willen

Frau/Herrn
Name:
Vorname:
Geburtsdatum:
Straße:
PLZ/Wohnort:
Telefon:

soweit gesetzlich möglich, mich in allen persönlichen Angelegenheiten, auch soweit sie meine Gesundheit betreffen, zu vertreten.

Diese Person kennt meine Einstellung zu Krankheit und Sterben (wie ich sie in meiner Patientenverfügung niedergelegt habe) und genießt mein Vertrauen. Sie darf in sämtliche Maßnahmen zur Untersuchung des Gesundheitszustandes und zu Heilbehandlungen einwilligen, auch wenn die begründete Gefahr besteht, daß ich an dieser Behandlung sterben oder einen schweren oder länger dauernden gesundheitlichen Schaden erleiden könnte. Insbesondere ist die Stellvertretung zur Entscheidung über die folgenden mir gegenüber erforderlich werdenden Maßnahmen von dieser Vollmacht umfaßt:

- Die Aufenthaltsbestimmung, vor allem die Entscheidung über die Unterbringung in einem Pflegeheim oder Hospiz, in einer geschlossenen Anstalt, Aufnahme in ein Krankenhaus oder eine ähnliche Einrichtung;
- Eine Maßnahme nach § 1906 Abs. 1 BGB, eine Unterbringung, die zu meinem Wohl erforderlich ist, weil aufgrund einer psychischen Krankheit oder

geistigen oder seelischen Behinderung die Gefahr besteht, daß ich mich selbst töte, oder erhebliche Gefahr besteht, daß ich mir gesundheitlichen Schaden zufüge, oder eine Untersuchung meines Gesundheitszustandes, eine Heilbehandlung oder ein ärztlicher Eingriff notwendig ist, oder meine Unterbringung nicht durchgeführt werden kann und ich aufgrund einer psychischen Krankheit oder geistigen oder seelischen Behinderung die Notwendigkeit einer solchen Unterbringung nicht kennen oder nicht nach dieser Einsicht handeln kann.

- Eine Maßnahme nach § 1906 Abs. 4 BGB, ich mich also in einer Anstalt, einem Heim oder sonstigen Einrichtung aufhalte, ohne dort untergebracht zu sein, und mir die Freiheit über einen längeren Zeitraum oder regelmäßig durch mechanische Vorrichtungen, Medikamente oder auf andere Weise entzogen werden soll.
- Maßnahmen nach § 1904 Abs. 1 BGB, also die Einwilligung in eine Untersuchung meines Gesundheitszustandes, eine Heilbehandlung oder einen ärztlichen Eingriff, wenn die begründete Gefahr besteht, daß ich aufgrund dieser Maßnahme versterben oder einen schweren und länger andauernden gesundheitlichen Schaden erleiden kann.
- Die Entscheidung über die Verabreichung von Medikamenten, die erhebliche unerwünschte Nebenwirkungen haben oder haben können.
- Die Entscheidung darüber, ob bei einem voraussichtlich länger andauernden Zustand der Bewußtlosigkeit (Wachkoma) eine künstliche Ernährung oder Flüssigkeitszufuhr eingeleitet oder abgebrochen wird.
- Die Entscheidung über einen Behandlungsabbruch oder die Einstellung lebenserhaltender oder lebensverlängernder Maßnahmen, wenn das Grundleiden mit infauster Prognose irreversiblen Verlauf genommen hat und ich mich in einem Zustand befinde, in dem ein bewußtes und umweltbezogenes Leben mit eigener Persönlichkeitsgestaltung nicht mehr möglich ist. Zu den lebenserhaltenden Maßnahmen gehören insbesondere künstliche Wasser- und Nahrungszufuhr, Sauerstoffzufuhr, künstliche Beatmung, Medikation, Bluttransfusion und Dialyse.

  Er kann hierzu in die Krankenunterlagen einsehen und alle Auskünfte und Informationen von den behandelnden Ärzten und dem Krankenhaus verlangen; diese werden von der Schweigepflicht entbunden.
- Die Entscheidung darüber, ob nach meinem Tod zu Transplantationszwecken Organe entnommen werden dürfen.
- Die Kontrolle darüber, ob die Klinik, die Ärzte und das Pflegepersonal mir trotz meiner Bewußtlosigkeit oder Entscheidungsunfähigkeit eine angemessene ärztliche und pflegerische Betreuung zukommen lassen, die zugleich auch eine menschenwürdige Unterbringung umfaßt. Die Kontrolle bezieht sich auch auf eine Sterbebegleitung und die Leithilfe, die Ärzte und Pflegepersonal ver-

pflichtet, Schmerz, Atemnot, unstillbarem Brechreiz, Erstickungsangst oder vergleichbar schweren Angstzuständen entgegenzuwirken, selbst wenn mit diesen palliativen Maßnahmen das Risiko einer Lebensverkürzung nicht ausgeschlossen werden kann.

Die bevollmächtigte Person darf in meinem Namen auch bereits erteilte Einwilligungen zurücknehmen oder Einwilligungen verweigern, Krankenunterlagen einsehen und deren Herausgabe an Dritte bewilligen. Ich entbinde alle mich behandelnden Ärzte und nichtärztliche Mitarbeiter gegenüber meiner bevollmächtigten Vertrauensperson von der Schweigepflicht.

Die bevollmächtigte Person hat Anspruch auf Ersatz ihrer Aufwendungen.

____	____
Ort, Datum	Unterschrift des Vollmachtgebers
	____
	Unterschrift des Bevollmächtigten
	____
	Zeuge (nicht zwingend notwendig)

Diese Vollmacht entspricht nach wie vor meinem Willen:

____	____
Ort, Datum	Unterschrift des Vollmachtgebers
____	____
Ort, Datum	Unterschrift des Vollmachtgebers

5. Notarielle Vorsorgevollmacht und Auftrag [117]

156 Heute, den ____
Erschienen vor mir ____, Notar in ____, in den Amtsräumen ____
Herr ____
und seine Ehefrau ____
(Beruf, Anschrift, Güterstand, Geburtsdatum)
Die Beteiligten wiesen sich aus durch amtliche Reisepässe.
Auf Ersuchen der Erschienenen beurkunde ich gemäß den vor mir persönlich abgegebenen Erklärungen folgendes:

117 Nach *Limmer,* ZNotP 98, 322 ff.

§ 1 Vollmachtserteilung

Herr [redacted]
– nachfolgend „der Vollmachtgeber“ genannt –

erteilt hiermit

seiner Ehefrau, Frau [redacted] (Beruf, Anschrift, Geburtsdatum),
– nachfolgend „Bevollmächtigte“ genannt –

Generalvollmacht

ihn in allen persönlichen und vermögensrechtlichen Angelegenheiten, bei denen eine Stellvertretung gesetzlich zulässig ist, umfassend zu vertreten.

Die Vollmacht soll insbesondere als Betreuungsvollmacht zu Vermeidung der Anordnung einer Betreuung dienen und soll daher bei Eintritt einer Geschäftsunfähigkeit des Vollmachtgebers ausdrücklich nicht erlöschen.

§ 2 Vollmachtsumfang

Die Vollmacht soll eine Generalvollmacht sein und im Umfang unbeschränkt gelten. Zur Erläuterung der Bedeutung der Vollmacht sollen nachfolgend einige Angelegenheiten aufgezählt werden, die insbesondere von der Vollmacht erfaßt sind, ohne daß durch sie eine Beschränkung der Vollmacht getroffen wird. Die nachfolgende Aufzählung ist nur beispielhaft und nicht abschließend.

1. Vermögensangelegenheiten

Die Vollmacht umfaßt insbesondere die Befugnis,
- alle Rechtshandlungen und Rechtsgeschäfte im Namen des Vollmachtgebers vorzunehmen,
- über Vermögensgegenstände jeder Art zu verfügen,
- Erklärungen aller Art abzugeben und entgegenzunehmen sowie Anträge zu stellen, abzuändern, zurückzunehmen,
- Zahlungen und Wertgegenstände anzunehmen,
- Verbindlichkeiten einzugehen,
- den Vollmachtgeber vor Behörden, Dienststellen und Notariaten sowie Versicherungsgesellschaften aller Art im In- und Ausland umfassend zu vertreten,
- Grundbesitz zu veräußern und zu erwerben, Grundpfandrechte einschließlich Zins und Nebenleistungen und sonstiger Rechte für beliebige Gläubiger und Berechtigte zu bestellen und die Eintragung im Grundbuch zu bewilligen und zu beantragen, dingliche Zwangsvollstreckungsunterwerfung auch nach § 800 ZPO zu erklären, die Löschung von allen dinglichen Rechten zu erklären und im Grundbuch zu bewilligen,

- geschäftsähnliche Handlungen wie z. B. Mahnungen, Fristsetzungen, Anträge und Mitteilungen abzugeben,
- Darlehens- und sonstige Kreditverträge abzuschließen,
- über Bankkonten und Depots sowie sonstiges Geldvermögen aller Art im Namen des Vollmachtgebers zu verfügen und Bankkonten und Depots zu eröffnen und aufzulösen,
- den Vollmachtgeber gegenüber Gerichten zu vertreten, sowie Prozeßhandlungen aller Art vorzunehmen.

2. Persönliche Angelegenheiten

Der Bevollmächtigte ist weiterhin zu meiner Vertretung in allen persönlichen Angelegenheiten befugt. Insbesondere umfaßt diese Vollmacht nachfolgende persönliche Angelegenheiten:

a) Ärztliche Maßnahmen
Die Vollmacht umfaßt die Befugnis zur Einwilligung in ärztliche Maßnahmen, wie in eine Untersuchung des Gesundheitszustandes, eine Heilbehandlung oder einen ärztlichen Eingriff, auch dann, wenn die begründete Gefahr besteht, daß der Vollmachtgeber aufgrund der Maßnahme stirbt oder einen schweren und länger dauernden gesundheitlichen Schaden erleidet (§ 1904 BGB).

b) Unterbringung
Die Vollmacht berechtigt dazu, den Aufenthalt des Vollmachtgebers zu bestimmen. Die Vollmacht umfaßt auch die Befugnis zu Unterbringungsmaßnahmen i. S. d. § 1906 BGB, insbesondere eine Unterbringung des Vollmachtgebers, die mit Freiheitsentziehung verbunden ist, die sonstige Unterbringung des Vollmachtgebers in einer Anstalt, einem Heim, oder einer sonstigen Einrichtung oder die Vornahme von sonstigen Freiheitsentziehungsmaßnahmen durch mechanische Vorrichtungen, Medikamente o. ä. über einen längeren Zeitraum.

c) Sonstiges
In allen Angelegenheiten ist der Bevollmächtigte befugt, meine Rechte gegenüber Ärzten, Krankenhäusern, Pflegeheimen, etc. wahrzunehmen, alle nötigen Auskünfte und Informationen zu verlangen, Einsicht in meine Krankenakten zu nehmen und Entscheidungen über Untersuchungen, Heilbehandlungen und ärztliche Eingriffe zu treffen. Die Betroffenen werden dazu insoweit von ihrer Schweigepflicht entbunden.

§ 3 Untervollmacht, Befreiung von § 181 BGB

1. Der Bevollmächtigte kann in Vermögensangelegenheiten Untervollmacht erteilen und dabei diese Vollmacht ganz oder teilweise auf Dritte übertragen. In den persönlichen Angelegenheiten ist die Vollmacht nicht übertragbar, Untervollmacht darf insoweit nicht erteilt werden.

2. Von den Beschränkungen des § 181 BGB ist der Bevollmächtigte in den Vermögensangelegenheiten befreit, so daß er befugt ist, Rechtsgeschäfte im Namen des Vollmachtgebers mit sich selbst oder als Vertreter eines Dritten vorzunehmen.
3. Die Vollmacht ist jederzeit widerruflich.

§ 4 Ersatzbevollmächtigter

Für den Fall, daß der Bevollmächtigte stirbt, ernenne ich aufschiebend bedingt durch den Tod des Bevollmächtigten als Ersatzbevollmächtigten meinen Sohn, Herrn (Name, Geburtsdatum, Anschrift).
Der Ersatzbevollmächtigte hat dieselbe Rechtsstellung wie der Bevollmächtigte.

§ 5 Betreuungsverfügung, Grundverhältnis

1. Durch die vorstehende Vollmachtserteilung soll die Bestellung eines Betreuers im Fall von Krankheit oder Gebrechlichkeit vermieden werden. Im Innenverhältnis, d. h. ohne Einfluß auf die Vollmacht im Außenverhältnis, soll von der Vollmacht erst dann Gebrauch gemacht werden, wenn der Vorsorgefall eintritt (Geschäftsunfähigkeit bzw. Betreuungsbedürftigkeit).
2. Für den Fall, daß die Bestellung eines Betreuers notwendig werden sollte, wünscht der Vollmachtgeber den Bevollmächtigten bzw. ersatzweise den Ersatzbevollmächtigten als seinen Betreuer. Wird ein Betreuer bestellt, soll die Vollmacht im übrigen bestehen bleiben.
3. Im Innenverhältnis, d. h. ohne Einfluß auf die Vollmacht im Außenverhältnis, wird weiter vereinbart, daß der Bevollmächtigte verpflichtet ist, bei der Ausübung der Vorsorgevollmacht folgende Anweisungen zu beachten:

§ 6 Wirksamkeitsbedingungen, Kontrolle

Die Vollmacht wird mit dem Abschluß dieser Urkunde wirksam. Trotz Belehrung durch den Notar wünscht der Vollmachtgeber keine Wirksamkeitsbeschränkung dergestalt, daß die Vollmacht erst mit Eintritt der Betreuungsbedürftigkeit wirksam werden soll.
Sollte eine der vorbezeichneten Bestimmungen unwirksam sein oder werden, so bleiben die übrigen Bestimmungen wirksam.
Die Bestellung eines zweiten Bevollmächtigten oder einer sonstigen Kontrollperson wird ausdrücklich nicht gewünscht.

§ 7 Sonstiges

Von dieser Urkunde erhalten der Bevollmächtigte eine Ausfertigung und der Vollmachtgeber eine beglaubigte Abschrift.
Auf Antrag sind dem Bevollmächtigten jederzeit weitere Ausfertigungen und beglaubigte Abschriften zu erteilen.
Die Kosten dieser Urkunde trägt der Vollmachtgeber.
Die Niederschrift wurde den Erschienenen vorgelesen, von ihnen genehmigt und von ihnen und vom Notar eigenhändig unterschrieben.

6. Einzelvollmacht – Transmortale Vollmacht und Schenkung

157 Ohne Zwang und aus freiem Willen bevollmächtige ich

Name:
Vorname:
Geburtsdatum:
Straße:
PLZ/Wohnort:
Telefon:

die nachfolgend genannte Person

Frau/Herrn
Name:
Vorname:
Geburtsdatum:
Straße:
PLZ/Wohnort:
Telefon:

über mein Bankguthaben[118] bei der Bank, gerade auch zu eigenen Gunsten, zu verfügen. Diese Vollmacht ist nicht auf Dritte übertragbar und soll auch nach meinem Tod fortbestehen.

Grundverhältnis:

Meiner Vollmachtserteilung liegt zu meinen Lebzeiten eine Leibrente mit dem Bevollmächtigten als Begünstigtem zugrunde. Der Bevollmächtigte wird insoweit beauftragt, diese Leibrente zu erfüllen.

Der Bevollmächtigte ist zu Verfügungen über das Bankguthaben zu meinen Lebzeiten wie folgt berechtigt:

118 Da im Grundverhältnis eine Schenkung bzw. ein Schenkungsversprechen vorliegt, ist eine notarielle Beurkundung zu empfehlen. Im Bereich der Kontovollmachten akzeptieren viele Banken nur Vollmachten, die unter Verwendung der bankeigenen Vollmachtsformulare erstellt werden. Dies sollte vorab vom Vollmachtgeber in Erfahrung gebracht und ggfs. berücksichtigt werden.

Nach meinem Versterben ist der Bevollmächtigte in seiner Verfügungsbefugnis unbeschränkt. Bei dem dann noch auf dem Konto befindlichen Betrag handelt es sich um eine lebzeitige Schenkung, die mit meinem Versterben durch den Bevollmächtigten selbst zu erfüllen ist.

Ort, Datum

Unterschrift des Vollmachtgebers

Unterschrift des Bevollmächtigten

7. Einzelvollmacht – Postmortale Vollmacht zur Grundstücksauflassung [119]

Ich bevollmächtige das Grundstück auf sich selbst aufzu- **158**
lassen und alle in diesem Zusammenhang erforderlichen Erklärungen auch im Namen aller Erben abzugeben. Der Bevollmächtigte ist von der Beschränkung des § 181 BGB befreit. Die Vollmachtserteilung erfolgt unwiderruflich.

Ort, Datum

Unterschrift des Vollmachtgebers

Unterschrift des Bevollmächtigten

119 Das der Vollmachtserteilung zugrundeliegende Rechtsverhältnis kann durch Testament geregelt werden. Dabei kann der Bevollmächtigte die Stellung eines Vermächtnisnehmers innehaben aber auch Erbe sein und das Grundstück aufgrund einer Teilungsanordnung seitens des Erblassers zugewandt bekommen haben. Sofern ein Schenkungsversprechen im Grundverhältnis gewollt ist, ist hier unbedingt auf eine notarielle Beurkundung desselben zu achten, um vorgenannte Probleme bei Vollzug eines formunwirksam erteilten Schenkungsversprechens unter Lebenden durch eine Vollmacht zu vermeiden; vgl. § 3 Rn 3 ff.

§ 2 Patientenverfügung

A. Sinn und Zweck einer Patientenverfügung

Eine Patientenverfügung soll den Willen des Verfügenden im Hinblick auf eine medizinische Behandlung oder Nichtbehandlung für den Fall Ausdruck verleihen, daß der Verfügende seine Behandlungswünsche aufgrund seiner physischen und psychischen Situation nicht mehr äußern kann. **1**

Eine solche Verfügung wird oft auch als Patientenbrief oder Patiententestament bezeichnet. Letztere Bezeichnung sollte im Hinblick darauf, daß ein Testament eine Verfügung von Todes wegen ist und somit seine Rechtswirkung gegenüber Dritten erst nach dem Tod des Verfügenden entfaltet, nicht verwendet werden. Denn geregelt ist der Behandlungswunsch eines Lebenden. **2**

Im Gegensatz zu der Betreuungsverfügung wendet sich die Patientenverfügung direkt an den behandelnden Arzt und das Pflegepersonal. Sie wird aber auch für den Fall, daß ein Betreuer bestellt wurde oder eine Vorsorgevollmacht auch für Gesundheitsangelegenheiten verfaßt wurde, von einem Betreuer oder Bevollmächtigten im Rahmen der von diesem zu treffenden Entscheidung berücksichtigt werden müssen. Eine Kombination mit einer Betreuungsverfügung oder einer Vorsorgevollmacht ist daher sinnvoll. **3**

Sinn und Zweck einer Patientenverfügung ist es, dem möglichen Adressaten in einer Situation, in der der Patient nicht mehr in der Lage ist, seinen Willen kundzutun, zumindest bei der Erforschung des mutmaßlichen Willens des Patienten hilfreich zu sein. Gegebenenfalls wird die Patientenverfügung gegenüber dem Adressaten sogar eine generelle Verbindlichkeit entfalten, so daß auf die Ermittlung des mutmaßlichen Patientenwillens nicht mehr abgestellt werden muß.[1] **4**

Insgesamt kann davon ausgegangen werden, daß Ärzte, Pfleger, Betreuer, Bevollmächtigte in Gesundheitsangelegenheiten, Verwandte und Freunde aber wohl auch Vormundschaftsrichter froh um jeden Anhaltspunkt sein werden, der Ihnen hilft, den Willen des Patienten zu ermitteln und der damit zu deren **5**

1 S. § 2 Rn 16ff.

eigener Entscheidungsfindung im Sinne des Patienten beiträgt. Und insoweit ist eine Patientenverfügung in vielen Fällen unentbehrlich.

6 Stark in die juristischen Diskussionen gerückt ist die Frage nach einer zulässigen Form der Sterbehilfe und die damit für die Abfassung der Patientenverfügung wichtige Frage, welche dahingehenden Anweisungen und Wünsche des Patienten zulässig sind.

7 Eine Patientenverfügung unterliegt immer einer obersten Grenze: Eine Anweisung zu einer gezielten Lebensverkürzung, also zu einer aktiven Sterbehilfe hätte strafrechtliche Konsequenzen für diejenigen, die diese befolgen. Es versteht sich daher von selbst, eine dahin lautende Anweisung nicht zu erteilen.[2]

8 Oftmals dürfte der Hintergrund für den Wunsch eines Mandanten zur Errichtung eines Patientenverfügung aber weniger die geschilderte Extremsituation sein. Vielmehr steckt hinter dem Wunsch nach einer Patientenverfügung oftmals die Angst vor einer nicht mehr überschaubaren Apparatemedizin und die Angst davor, allein in der Anonymität eines Krankenhauses sterben zu müssen.

B. Voraussetzungen der Patientenverfügung

Testierfähigkeit i. S. d. § 2229 BGB ist nicht erforderlich, wie die z. T. auch gebräuchliche Bezeichnung der Patientenverfügung als „Patiententestament" irrtümlich vorspiegeln könnte.

9 Der Verfügende muß aber bei Abfassung der Patientenverfügung einsichts- und urteilsfähig gewesen sein. Er muß also über die geistige und sittliche Reife verfügen, sein Selbstbestimmungsrecht in Gesundheitsangelegenheiten eigenverantwortlich auszuüben.

Entscheidend ist dabei, ob der Patient um Art und Schwere seiner möglichen Erkrankung weiß und ob er das Wesen, die Bedeutung und die Tragweite des ärztlichen Eingriffs bzw. der Behandlung ebenso zu erkennen vermag wie die Folgen einer Verweigerung medizinisch indizierter Maßnahmen bzw. eines Behandlungsabbruchs.[3]

2 Vgl. § 2 Rn 29ff.
3 *Uhlenbruck*, Patientenverfügungen, ZAP 1999, 223, 224 (Fach 12, S. 75)

C. Form und Aufbewahrung der Patientenverfügung

I. Form

Für die Patientenverfügung ist keine besondere Form gesetzlich vorgeschrieben. 10

Insbesondere gelten nicht die Formvorschriften für Verfügungen von Todes wegen, §§ 2231 ff. BGB, was die immer noch gängige Bezeichnung „Patiententestament" zunächst nahelegt. Eine notarielle Beurkundung ist daher ebensowenig erforderlich, wie eine notarielle Beglaubigung der Unterschrift. 11

Unabdingbar aus Beweis- und Praktikabilitätsgründen ist jedoch die Schriftform, ggfs. auch maschinengeschrieben und eigenhändig unterschrieben. 12

Ebensowenig notwendig wie die notarielle Beurkundung oder die Unterschriftsbeglaubigung durch den Notar ist die Hinzuziehung von Zeugen bei der Errichtung der Patientenverfügung.[4]

Die Hinzuziehung von Zeugen, die notarielle Unterschriftsbeglaubigung oder die notarielle Beurkundung ist jedoch im Hinblick auf den Nachweis der vollen Geschäftsfähigkeit ebenso sinnvoll wie im Hinblick darauf, daß die Entscheidungsfähigkeit des Verfügenden hinsichtlich der Ausübung und der Bedeutung und Tragweite seines Selbstbestimmungsrechts dann kaum angezweifelt werden dürfte. 13

Sinnvoll ist es, alle Unterschriften in nicht allzu langen Zeitabständen zu erneuern um dadurch zu dokumentieren, daß der ursprünglich gefaßte Wille nach wie vor aufrecht erhalten wird.[5] Dabei sollte bei einer absehbaren Verschlechterung des Gesundheitszustandes das Intervall der Unterschriftserneuerung deutlich verkürzt werden, um der Annahme eines eventuellen Meinungsumschwungs durch Dritte entgegenzuwirken. 14

Letztlich ist jedoch auch das Mitsichführen der Patientenverfügung als Manifestation des fortbestehenden Geltungswillens zu verstehen.[6]

4 Derartige Formalia mögen auf den einen oder anderen Arzt nicht ohne Eindruck bleiben, sollten aber in ihrer Bedeutung nicht überbewertet werden. Über etwaige inhaltliche Mängel, insbesondere hinsichtlich der Bestimmbarkeit des Willens, können Sie natürlich nicht hinweghelfen. Vgl. insoweit: *Koch*, Der medizinisch assistierte Tod, in *Holderegger*, Das medizinisch assistierte Sterben, 1999, 297, 318.

5 So auch die Bundesärztekammer in „Handreichungen für Ärzte zum Umgang mit Patientenverfügungen".

6 *Koch*, a.a.O., 297, 318. Zu bedenken: Die Aktualität des Ausstellungsdatums eines Organspendeausweises wird nicht als erheblich im Hinblick auf die Fortgeltung desselben betrachtet. Letztlich entscheidend für die Manifestation des Patientenwillens wird sein, daß dessen Patientenverfügung auch tatsächlich zum Adressaten gelangt.

II. Aufbewahrung

Bezüglich der Aufbewahrung gilt: Es muß auf jeden Fall sichergestellt sein, daß die Verfügung im Original auch aufgefunden wird und die behandelnden Ärzte auch davon Kenntnis erlangen können.

15 Eine notarielle Hinterlegung bzw. eine Verwahrung durch die Vormundschaftsgerichte ist nicht möglich. Anderes gilt, wenn die Patientenverfügung im Rahmen einer Altersvorsorgevollmacht oder Betreuungsverfügung erklärt wird.[7] Hier gelten dann von Bundesland zu Bundesland unterschiedliche Durchführungsrichtlinien.

Empfehlenswert insoweit ist, einen Vermerk auf die Existenz der Patientenverfügung bei den Ausweispapieren mitzutragen. Die Verfügung im Original sollte bei den sonstigen persönlichen Unterlagen sicher verwahrt sein. Ggfs. können Familienangehörigen, Freunden, dem Hausarzt oder auch der Heimleitung Kopien übergeben werden mit dem Hinweis darauf, wo das Original aufbewahrt wird.

D. Bindungswirkung der Patientenverfügung

16 Fraglich ist aber die Bindungswirkung von Patientenverfügungen. Hierzu werden drei Meinungen vertreten:

1. Teilweise wird der Patientenverfügung jegliche Bindungswirkung abgesprochen. Hauptargument hierfür: Die Patientenverfügung wird oft noch zu Zeiten abgefaßt, in denen der Verfasser gesund ist. Der Patient ändert seine Einstellung aber häufig dann, wenn er in die konkrete Behandlungssituation kommt.[8] Letztlich sei die Patientenverfügung auch frei widerruflich.
2. Nach vielfach vertretener Ansicht ist die Patientenverfügung ein wichtiges Indiz zur Bestimmung des mutmaßlichen Patientenwillens.[9]
3. Teilweise wird die Patientenverfügung als für den Arzt bindend angesehen. Folge: Setzt sich der Arzt über den erklärten Willen des Patienten hinweg, macht er sich strafbar.[10]

7 Vgl. dazu § 5 Rn 1 ff.
8 *Spann*, MedR 1983, 13.
9 *Laufs*, Arztrecht, 5. Aufl. 1993, 156, Rn 293.
10 *Uhlenbruck*, Patientenverfügungen, ZAP 1999, 223 (Fach 12, S. 75) m.w. N. zum Meinungsstreit.

4. Stellungnahme: Wichtig für den Verfügenden ist, inwieweit der wahrscheinliche Adressat der Patientenverfügung, also in aller Regel der behandelnde Arzt und/oder das Pflegepersonal, sich an eine Patientenverfügung gebunden fühlen wird. Neben eigenen, auf den Einzelfall bezogenen Erwägungen dürften dabei insbesondere auch die von der Bundesärztekammer im September 1998 veröffentlichten Grundsätze zur ärztlichen Sterbebegleitung vom 11.09.1998 Beachtung finden. Dort wird u. a. wie folgt ausgeführt: **17**

„Patientenverfügungen sind dann verbindlich, sofern sie sich auf die konkrete Behandlungssituation beziehen und keine Umstände erkennbar sind, daß der Patient sie nicht mehr gelten lassen würde.“ [11] **18**

Darüberhinaus wurde von der Berliner Ärztekammer die generelle Verbindlichkeit von Patientenverfügungen anerkannt. **19**

So haben auch bereits 1995 die Schweizerischen Medizinisch-Ethischen Richtlinien für ärztliche Betreuung sterbender und zerebral schwerstgeschädigter Patienten die Verbindlichkeit von Patientenverfügungen anerkannt. [12] **20**

Sofern keine konkrete Behandlungssituation in der Patientenverfügung bezeichnet ist, läßt sich den Grundsätzen der Bundesärztekammer entnehmen, daß Patientenverfügungen eine wesentliche Hilfe für das Handeln des Arztes sind. Sind keine anderen Anhaltspunkte gegeben, „so hat der Arzt so zu handeln, wie es dem mutmaßlichen Willen des Patienten in der konkreten Situation entspricht. Der Arzt hat den mutmaßlichen Willen aus den Gesamtumständen zu ermitteln. Eine besondere Bedeutung kommt hierbei einer früheren Erklärung des Patienten zu.“ Somit ergibt sich der mutmaßliche Wille im Zweifel immer aus der zuvor abgefaßten Patientenverfügung. Diese Auffassung steht insoweit auch in Einklang mit der Rechtsprechung, die einen mutmaßlichen Patientenwillen insbesondere auch anhand einer Patientenverfügung ermittelt. **21**

Ergebnis: Zumindest über den Umweg der Ermittlung des mutmaßlichen Patientenwillens wird eine Patientenverfügung Berücksichtigung finden.

Strittig ist, ob bei Vorliegen einer hinreichend konkreten Patientenverfügung die Einholung der Genehmigung des Vormundschaftsgerichts nach § 1904 **22**

11 Nach den „Handreichungen für Ärzte zum Umgang mit Patientenverfügungen“ der Bundesärztekammer wird bzgl. der Verbindlichkeit folgendes mitgeteilt: Grundsätzlich gilt der in der Patientenverfügung geäußerte Wille des Patienten, es sei denn, es liegen konkrete Anhaltspunkte vor, die auf eine Willensänderung schließen lassen.

12 NJW 1996, 767, 768.

BGB, § 1904 BGB analog oder ggfs. auch nach § 1906 BGB durch den Adressaten entbehrlich ist.[13]

23 Dies ist weder gesetzlich geregelt noch liegt eine gefestigte Rechtsprechung hierzu vor.[14]

24 In der derzeitigen Rechtsprechung finden sich Hinweise, daß die Einholung einer vormundschaftsgerichtlichen Genehmigung trotz des Vorliegens einer Patientenverfügung erforderlich ist.[15] Allerdings wird die Entscheidung des Gerichts dann auf Grundlage der Patientenverfügung aufbauen, sofern sich keine weiteren Anhaltspunkte für die Ermittlung des mutmaßlichen Patientenwillens ergeben.

Andererseits zeigt eine neue Tendenz in der Rechtsprechung, daß eine vormundschaftsgerichtliche Genehmigung für lebensbeendende Maßnahmen nicht erforderlich ist, da § 1904 BGB weder direkt noch entsprechend anzuwenden sei.[16]

25 Das LG München kommt dabei zu dem Ergebnis, daß Ärzte und Angehörige über lebensbeendende Maßnahmen in eigener Verantwortung zu entscheiden haben und sieht dies auch als sachgerecht an. Von einem unzumutbaren Risiko kann dabei nicht die Rede sein, da strafrechtlich keine Sanktionen drohen, wenn die Maßnahme dem mutmaßlichen Willen des Verfügenden entspricht.[17]

26 Die Entscheidung des LG München ist im Interesse des Verfügenden zu begrüßen. Das Selbstbestimmungsrecht des Patienten erfährt hier unter Beachtung einer dogmatisch richtigen Begründung eine Stärkung. Gleichzeitig wird hierdurch auch einer unnötigen Mehrbelastung der Vormundschaftsgerichte entgegengewirkt.

13 Unklar äußert sich hierzu auch die Bundesärztekammer in ihren Grundsätzen zur ärztlichen Sterbebegleitung (NJW 1998, 3406f.). In den „Handreichungen für Ärzte zum Umgang mit Patientenverfügungen" wird zur rechtlichen Absicherung bei der Frage nach der Beendigung lebenserhaltender Maßnahmen im Vorfeld der Sterbephase zur rechtlichen Absicherung empfohlen, das Vormundschaftsgericht anzurufen, wenngleich gleichzeitig der in der Patientenverfügung geäußerte Wille des Patienten gilt, es sei denn, es liegen konkrete Anhaltspunkte vor, die auf eine Willensänderung schließen lassen.

14 Zur Frage der Anwendbarkeit des § 1904 BGB bei lebensbeendenden Maßnahmen siehe auch *Eisenbart*, Patienten-Testament und Stellvertretung in Gesundheitsangelegenheiten 1. Aufl. 1998, S. 198ff.

15 OLG Frankfurt a.M. FamRZ 1998, 1137ff. führt wie folgt aus: „Die Kriterien der Entscheidung des VormG nach § 1904 BGB analog ergeben sich aus dessen entsprechender Anwendung unter besonderer Berücksichtigung des § 1901 BGB, eines Patiententestaments, dem künftig ein Bedeutungszuwachs zukommen dürfte oder einer Betreuungsverfügung."

16 LG München NJW 1999, 1788f.

17 Vgl. hierzu auch BGH NJW 1995, 204ff.

Abzuwarten bleibt, ob sich der eingeschlagene Weg der Rechtsprechung verfestigt. Bis dahin ist einem Adressaten zu empfehlen, vor der Einleitung lebensbeendender Maßnahmen eine vormundschaftsgerichtliche Genehmigung zu beantragen.

Unabhängig von der Frage eines vormundschaftsgerichtlichen Genehmigungsvorbehalts gilt, daß allein das Vorhandensein einer Patientenverfügung forensische Komplikationen vermeidet. Denn bislang sind keine Fälle bekannt, bei denen um den Inhalt einer Patientenverfügung gestritten wurde. Streitigkeiten entstehen immer nur dann, wenn es an einer Patientenverfügung mangelt,[18] die von den Adressaten bzw. den Gerichten wenigstens im Rahmen der Ermittlung des mutmaßlichen Patientenwillens herangezogen werden konnte. **27**

E. Widerruf der Patientenverfügung

Die Patientenverfügung ist frei widerruflich. Ebensowenig wie die Errichtung der Patientenverfügung formgebunden ist bedarf deren Widerruf einer Form.

Insbesondere braucht der Widerruf nicht schriftlich oder sprachlich artikuliert zu werden. Vielmehr genügt ein Zeichen mit den Augen oder ein Kopfnicken auf die entsprechende Frage des Arztes oder Pflegepersonals.[19] **28**

Erfolgt kein Widerruf, ist die Patientenverfügung wirksam. Insbesondere kann ein lange zurückliegender Zeitpunkt der Abfassung der Patientenverfügung nicht deren Unwirksamkeit begründen.

Um aber die Aktualität des Willens des Verfügenden zu dokumentieren und jede gegenteilige Vermutung zu entkräften, sollte die Verfügung wie zuvor dargestellt in periodischen Abständen erneut mit Datum versehen und unterschrieben werden.

18 Deutlich wird dies bei folgendem Beschluß des AG Ratzeburg AZ 2 XVII 985 vom 7. 12. 1998: „Die Genehmigung einer Beendigung der künstlichen Ernährung mittels PEG durch das Vormundschaftsgericht kommt nicht in Betracht, wenn die Betroffene nicht mehr in der Lage ist, sich zu der Frage ihrer weiteren Behandlung zu äußern, eine Patientenverfügung nicht existent ist und ihr mutmaßlicher Wille hinsichtlich des Abbruchs einer lebenserhaltenden Maßnahme nicht festgestellt werden kann."

19 *Uhlenbruck*, a. a. O.

F. Inhalt

I. Grundsätze

29 Grundsätzlich ist der Verfügende hinsichtlich des Inhalts seiner Patientenverfügung frei. Auf jeden Fall sollte bei einer wesentlichen Änderung der gesundheitlichen Situation die Fortgeltung der Verfügung ausdrücklich vermerkt bzw. diese inhaltlich angepaßt werden.[20] Inhaltlich zu unterscheiden sind letztlich zwei Konstellationen: Die Patientenverfügung mit dem Wunsch des Verfügenden im Hinblick auf einen Behandlungsabbruch bei infauster Prognose und die Patientenverfügung mit Wunsch auf Fortführung einer Behandlung und medizinische Maximalbehandlung.

30 Um möglichst eine direkte Bindungswirkung der Patientenverfügung zu erzielen, muß diese sich auf eine konkrete Behandlungssituation beziehen. Ist diese vorhersehbar, dann muß die Patientenverfügung auch ganz gezielt auf die voraussichtliche Behandlungssituation abgestimmt sein. Dies ist nur nach Rücksprache und Aufklärung durch den behandelnden Arzt möglich.

II. Wunsch nach Behandlungsabbruch bei infauster Prognose

31 Verpflichtender Inhalt einer Patientenverfügung kann nur rechtlich erlaubtes Handeln sein, das – weitergehend – schützenswerten Belangen des Adressaten nicht zuwiderläuft. Letztlich wird kein Adressat sich der Gefahr einer Strafverfolgung aussetzen.

Daher stellt sich zunächst unter strafrechtlichen Gesichtspunkten die Frage, wieweit ein Sterbewunsch in einer Patientenverfügung Berücksichtigung finden kann, ohne daß sich der Handelnde in Gefahr einer strafbaren Handlung bringt.

1. Verlangen nach aktiver Sterbehilfe

32 Aktive Sterbehilfe, also die Verkürzung des verlöschenden Lebens durch eine aktive Einflußnahme auf den Krankheits- und Sterbeprozeß, ist auch durch eine dahinlautende Patientenverfügung vor Eintritt des Hirntodes nicht gerechtfertigt.[21] Auch das Verlangen nach aktiver Tötung als Mittel zur

20 *Koch*, a.a.O. 297, 318.

21 *Laufs/Uhlenbruck*, Handbuch des Arztrechts, § 132 Rn 4; *Schönke/Schröder*, Vorbem. zu §§ 211 ff., Rn 21.

Schmerzbeseitigung ist unabhängig vom Vorliegen einer dahingehend lautenden Patientenverfügung strafbar nach § 216 StGB. Ein diesbezüglich geäußerter Wunsch wird vom Adressaten der Patientenverfügung daher schwerlich befolgt werden können.

2. *Hilfe im Sterben durch Schmerzlinderung ohne lebensverkürzendes Risiko*

Eine Schmerzlinderung ohne lebensverkürzendes Risiko ist selbst dann zulässig, wenn dies zu einer Bewußtseinstrübung führt. Ein dahingehender Wunsch in der Patientenverfügung kann daher unter strafrechtlichen Gesichtspunkten nicht zurückgewiesen werden. Im übrigen ist dies aber gerade auch die Pflicht einer jeden ärztlichen Behandlung. **33**

3. *Gezielte Schmerzlinderung mit ggfs. lebensverkürzender Auswirkung*

Da eine gezielte Schmerzlinderung, auch mit lebensverkürzender Auswirkung, heute nahezu allgemein für straflos erachtet wird, kann ein dahingehender Wunsch des Verfügenden unter strafrechtlichen Gesichtspunkten nicht zurückgewiesen werden. **34**

4. *Sterbenlassen durch Verzicht auf lebensverlängernde Maßnahmen*

Hat der Sterbevorgang bereits eingesetzt, ist dem Arzt der Verzicht auf lebensverlängernde Maßnahmen wie Beatmung, Bluttransfusion oder künstliche Ernährung erlaubt.[22]

Nach neuer Rechtsprechung des BGH ist aber nicht mehr allein darauf abzustellen, ob ein Sterbevorgang bereits eingesetzt hat. Bei einem unheilbar erkrankten, nicht mehr entscheidungsfähigen Patienten kann der Abbruch einer ärztlichen Behandlung oder Maßnahme ausnahmsweise auch dann zulässig sein, wenn der Sterbevorgang noch nicht eingesetzt hat.[23] Ein solcher Behandlungsabbruch ist bei entsprechendem Patientenwillen als Ausdruck seiner allgemeinen Handlungsfreiheit und des Rechts auf körperliche Unver- **35**

22 BGH NJW 1995, 204ff.

23 BGH NJW 1995, 204ff.; OLG Frankfurt a.M. FamRZ 1998, 1137ff.; vgl. MDR 1998, 1464ff. *Rehborn*, Passive Sterbehilfe und Patiententestament, mit einer Zusammenstellung der Rechtsprechung zur passiven Sterbehilfe.

sehrtheit – Art. 2 II GG – grundsätzlich anzuerkennen. An die Annahme des mutmaßlichen Willens sind jedoch strenge Anforderungen zu stellen. Hierbei kommt es unter anderem auf frühere mündliche oder schriftliche Äußerungen des Patienten an.[24] Einem diesbezüglichen Wunsch des Verfügenden stehen somit strafrechtliche Erwägungen nicht entgegen, vielmehr fordern diese geradezu eine schriftliche Patientenverfügung zur Dokumentation des Patientenwillens.

5. *Muster einer Patientenverfügung mit Wunsch nach Behandlungsabbruch bei infauster Prognose*

36 Sofern die Patientenverfügung zu einem Zeitpunkt abgefaßt wird, in der der Verfügende kein spezifisches Krankheitsbild aufweist, empfiehlt sich folgende Formulierung:[25]

Patientenverfügung
von

Name:
Vorname:
Geburtsdatum:
Straße:
PLZ/Wohnort:

Für den Fall, daß ich nicht mehr in der Lage sein sollte, meine Angelegenheiten selbst zu regeln, verfüge ich im jetzigen Vollbesitz meiner geistigen Kräfte und in voller Kenntnis von Inhalt und Tragweite meines hier geäußerten Willens als Anweisung an die mich behandelnden Ärzte wie folgt:

Wenn bei schwerstem körperlichen Leiden oder Verletzungen, Dauerbewußtlosigkeit sowie fortschreitendem geistigen Verfall auch vor Endstadium einer tödlich verlaufenden Krankheit und vor Eintritt des eigentlichen Sterbevorgangs keine Aussicht mehr auf Besserung im Sinne eines für mich erträglichen und umweltbezogenen Lebens mit eigener Persönlichkeitsgestaltung besteht,

- sollen an mir keine lebenserhaltenden Maßnahmen (z.B. Wiederbelebung, Beatmung, Dialyse, Bluttransfusion, Medikamente) vorgenommen werden bzw. bereits begonnene abgebrochen werden,

24 BGH NJW 1995, 204ff.

25 Sobald ein medizinischer Befund über eine Erkrankung vorliegt, sollte nach umfassender ärztlicher Aufklärung eine individuelle, auf das Krankheitsbild und deren Verlauf bezogene Patientenverfügung abgefaßt werden.

- wünsche ich keine Ernährung durch Magensonde und Magenfistel,
- wünsche ich keine Antibiotikagabe bei fieberhaften Begleitinfekten,
- wünsche ich weitestgehende Beseitigung von Begleitsymptomen, insbesondere von Schmerzen; eine damit unter Umständen verbundene Lebensverkürzung nehme ich in Kauf,
- wünsche ich mir geistlichen Beistand durch:
  Name/Vorname:
  Adresse:
  Telefonnummer:
- wünsche ich, daß mein Hausarzt:
  Name/Vorname:
  Adresse:
  Telefonnummer:

  sowie folgende Person:
  Name/Vorname:
  Adresse:
  Telefonnummer:

  verständigt werden, um mir persönlichen Beistand zu leisten.
- bin ich mit einer Obduktion zur Befunderklärung einverstanden / nicht einverstanden,
- bin ich mit einer Organentnahme einverstanden (mein Organspendeausweis liegt dieser Verfügung bei).

Die in dieser Verfügung getroffenen Entscheidungen erfolgten nach eingehender und reiflicher Überlegung und stellen meine generelle ethische Grundeinstellung zu Fragen eines Behandlungsabbruchs dar. In einer konkreten Situation, in der über einen Abbruch der an mir vorgenommenen Heilmaßnahmen zu entscheiden ist, bitte ich meine behandelnden Ärzte, diese Patientenverfügung als verbindlich anzunehmen und entsprechend meinem Willen zu verfahren. Eine andere Entscheidung als die hier zum Ausdruck gebrachte kommt für mich nicht in Frage.

Für den Fall, daß für mich ein Betreuer bestellt wird, ist dieser ebenfalls an diese Erklärung gebunden. Meine in dieser Patientenverfügung abgegebenen Erklärungen gelten dann als Betreuungsverfügung. Zum Betreuer schlage ich vor:
Name/Vorname:
Adresse:
Telefonnummer:

Ort, Datum　　　　　　　　Unterschrift des Vollmachtgebers

Die nachfolgend aufgeführten Zeugen bestätigen, daß der / die Verfügende die Patientenverfügung im Vollbesitz der geistigen Kräfte verfaßt hat:

Name:
Vorname:
Geburtsdatum:
Straße:
PLZ/Wohnort:
Datum und Unterschrift:

Name:
Vorname:
Geburtsdatum:
Straße:
PLZ/Wohnort:
Datum und Unterschrift:

Diese Patientenverfügung entspricht nach wie vor meinem Willen:

Ort, Datum	Unterschrift des Verfügenden
Ort, Datum	Unterschrift des Verfügenden

6. Muster einer Patientenverfügung mit Wunsch nach Maximalbehandlung bei infauster Prognose

37 Bindend kann ein solcher Behandlungswunsch nur im Rahmen des generellen Heil- und Pflegeauftrags des Adressaten sein. Insbesondere zu Maßnahmen, die nicht mehr als medizinisch indiziert anzusehen sind, kann der Arzt auch auf diesem Weg nicht gezwungen werden.

Patientenverfügung
von

Name:
Vorname:
Geburtsdatum:
Straße:
PLZ/Wohnort:

Für den Fall, daß ich nicht mehr in der Lage sein sollte, meine Angelegenheiten selbst zu regeln, verfüge ich im jetzigen Vollbesitz meiner geistigen Kräfte und in voller Kenntnis von Inhalt und Tragweite meines hier geäußerten Willens wie folgt:

- In der Hoffnung und im Vertrauen auf den medizinischen Fortschritt und die damit verbundene Hoffnung auf zukünftige Heilung derzeit unheilbar erscheinender Krankheiten und Verletzungen wünsche ich in jedem Stadium einer möglichen Erkrankung oder Verletzung, auch bei einer infausten Prognose, oder einem bereits eingetretenen Sterbevorgang, daß mir eine optimale medizinische Maximalbehandlung gewährt wird.

Desweiteren

- wünsche ich mir geistlichen Beistand durch:
  Name/Vorname:
  Adresse:
  Telefonnummer:
- wünsche ich, daß mein Hausarzt:
  Name/Vorname:
  Adresse:
  Telefonnummer:

  sowie folgende Person:
  Name/Vorname:
  Adresse:
  Telefonnummer:

verständigt werden, um mir persönlichen Beistand zu leisten;

- bin ich mit einer Obduktion zur Befunderklärung einverstanden;
- bin ich mit einer Organentnahme zur Organspende ausdrücklich nicht einverstanden.

Die in dieser Verfügung getroffenen Entscheidungen erfolgten nach eingehender und reiflicher Überlegung und stellen meine generelle ethische Grundeinstellung zu Fragen eines Behandlungsabbruchs dar. In einer konkreten Situation, in der über einen Abbruch der an mir vorgenommenen Heilmaßnahmen zu entscheiden ist, bitte ich meine behandelnden Ärzte, diese Patientenverfügung als verbindlich anzunehmen und entsprechend meinem Willen zu verfahren. Eine andere Entscheidung als die hier zum Ausdruck gebrachte kommt für mich nicht in Frage.

Für den Fall, daß für mich ein Betreuer bestellt wird, ist dieser ebenfalls an diese Erklärung gebunden. Meine in dieser Patientenverfügung abgegebenen Erklärungen gelten dann als Betreuungsverfügung. Zum Betreuer schlage ich vor:
Name/Vorname:
Adresse:
Telefonnummer:

Datum und Unterschrift:

Die nachfolgend aufgeführten Zeugen bestätigen, daß der/die Verfügende die Patientenverfügung im Vollbesitz der geistigen Kräfte verfaßt hat:

Name:
Vorname:
Geburtsdatum:
Straße:
PLZ/Wohnort:
Datum und Unterschrift:

Name,
Vorname:
Geburtsdatum:
Straße:
PLZ/Wohnort:
Datum und Unterschrift:

Diese Patientenverfügung entspricht nach wie vor meinem Willen:

Ort, Datum | Unterschrift

Ort, Datum | Unterschrift

G. Patientenverfügung in Kombination mit Betreuungsverfügung oder Vorsorgevollmacht

38 Eine Patientenverfügung läßt sich sinnvoll mit einer Betreuungsverfügung oder einer Vorsorgevollmacht kombinieren.

Zur wirksamen Durchsetzung von in einer Patientenverfügung niedergelegten Wünschen gegenüber den behandelnden Ärzten und dem Pflegepersonal ist sogar dringend zu empfehlen, hierfür einen Bevollmächtigten zu benennen oder, falls ein solcher nicht zur Hand ist, einem dann gegebenenfalls zu bestellenden Betreuer diese Aufgabe ausdrücklich aufzugeben.

So kann gewährleistet werden, daß der erklärte Wille in der Patientenverfügung auch tatsächlich umgesetzt wird.

H. Fallgruppen[26]

I. Fallgruppe

1. Sachverhalt

Bei einem bewußtlosen Unfallopfer wird eine Patientenverfügung gefunden, die u. a. Reanimationsmaßnahmen untersagt. **39**

2. Rechtliche Beurteilung

Erstversorgung am Unfallort ist keine Anwendungssituation für Patientenverfügungen. Nach ihrem Sinngehalt will der Verfügende nicht eine Krisenintervention regeln, sondern Vorsorge für das als unvermeidlich bevorstehende Lebensende treffen. **40**

II. Fallgruppe

1. Sachverhalt

Ein unheilbar Kranker formuliert eine Patientenverfügung in Kenntnis des voraussichtlichen weiteren, zum Tode führenden Krankheitsverlaufs. **41**

2. Rechtliche Beurteilung

Hier handelt es sich meistens um langsam fortschreitende Krankheitsverläufe. **42** Eine ihm vorgelegte Patientenverfügung sollte der Arzt rechtzeitig mit dem Patienten besprechen, um Unklarheiten zu eliminieren und auf eine aus seiner Sicht sachgerechte Entscheidung hinzuwirken. Sofern medizinisch möglich, sollten die Wünsche des Patienten auf den zu erwartenden Krankheitsverlauf und damit auf konkret zu erwartende Situationen abgestimmt sein.

26 Vgl. dazu auch *Koch*, a. a. O., S. 297, 320.

III. Fallgruppe

1. Sachverhalt

43 Ein Gesunder verfügt für den Fall irreversibler Bewußtlosigkeit den Verzicht auf bestimmte lebenserhaltende Maßnahmen. Als Folge eines Unfalls oder einer plötzlichen Erkrankung tritt dieser Fall gewissermaßen zufällig tatsächlich ein.

2. Rechtliche Beurteilung

44 Die Abklärung der Irreversibilität des Bewußtseinsverlusts braucht regelmäßig einige Zeit. Schon wegen der Notwendigkeit weiterer Entscheidungen ist, sofern nicht ein Bevollmächtigter beauftragt wurde, die Bestellung eines Betreuers geboten. Die Bedeutung der Patientenverfügung ist mit dem Bevollmächtigten bzw. dem Betreuer abzuklären; nach Ansicht des BGH und des OLG Frankfurt a. M. bedarf die Entscheidung des Betreuers und des Bevollmächtigten der Genehmigung des Vormundschaftsgerichts (§ 1904 BGB analog). Der in einer Patientenverfügung verkörperte Wunsch des Patienten wird aber von allen an einer Entscheidungsfindung Beteiligten beachtet werden müssen.

§ 3 Die Betreuungsverfügung

A. Allgemeines

Kann ein Volljähriger aufgrund einer psychischen Krankheit oder einer körperlichen, oder seelischen Behinderung seine Angelegenheiten ganz oder teilweise nicht besorgen, so bestellt nach § 1896 Abs. 1 S. 1 BGB das Vormundschaftsgericht auf seinen Antrag oder von Amts wegen für Ihn einen Betreuer.

Schlägt der Volljährige eine Person vor, die zum Betreuer bestellt werden 1
kann, so hat das Vormundschaftsgericht gem. § 1897 Abs. 4 S. 1 BGB diesem Vorschlag zu entsprechen, wenn es dem Wohl des Volljährigen nicht zuwiderläuft.[1]

Der Betreute wird in aller Regel jedoch bei Eintritt des Betreuungsbedarfs außerstande sein, Vorschläge zu unterbreiten.[2] Das Gesetz verschafft dem Verfügenden die Möglichkeit vor dem Betreuungsverfahren zu der Auswahl eines etwaig zu bestellenden Betreuers (§ 1897 Abs. IV S. 3 BGB) und zu der Ausgestaltung des Betreuungsverhältnisses (§ 1901 Abs. 2 S. 2 BGB) Wünsche zu äußern.

Auch im Rahmen einer gerichtlichen angeordneten Betreuung wird somit 2
dem Selbstbestimmungsrecht und der Autonomie des Verfügenden Rechnung getragen, und seinen Wünsche grundsätzlich Vorrang vor der gerichtlichen Entscheidung eingeräumt, gleichwohl nicht in demselben Umfang, wie dies durch eine Vorsorgevollmacht gewährleistet ist. Denn letztlich sind die Vorschläge des Verfügenden immer nur dann verbindlich, wenn es seinem Wohl nicht zuwiderläuft. Sowohl das Vormundschaftsgericht als der Betreuer sind daher nicht für alle Fälle an die Betreuungsverfügung gebunden.

1 Das Vormundschaftsgericht braucht dem Personalwunsch des Betreuten nicht zu entsprechen, wenn der Vorgeschlagene beispielsweise für das Amt eines Betreuers ungeeignet ist vgl. insoweit BayObLG FamRZ 1991, 1353.

2 Vgl. insoweit Palandt, § 1901 Rn 7: „Wünsche sind unabhängig von der Geschäftsfähigkeit zu berücksichtigen. Auch Geschäftsunfähige können im Einzelfall sinnvolle Wünsche äußern. Umgekehrt ist nicht jeder Wunsch eines Geschäftsunfähigen zu berücksichtigen.“

B. Betreuungsverfügung in Abgrenzung zur Vorsorgevollmacht[3]

3 Sofern sich im nächsten sozialen Umfeld des Verfügenden keine geeignete Person findet bzw. sich keine Person findet, die sich im Rahmen der finanziellen Möglichkeiten des Verfügenden zu einer Übernahme der sich aus der Vorsorgevollmacht ergebenden Pflichten bereit erklärt, wird sich der Verfügende für eine Betreuungsverfügung entscheiden müssen.

4 Während in der Vorsorgevollmacht gerade durch die Gestaltungsmöglichkeit auch des Grundverhältnisses der Verfügende seinen Vertreter direkt binden kann, muß sich der Betreuer an die in der Betreuungsverfügung festgelegten Wünsche nur dann halten, wenn diese dem Wohl des Betreuten nicht zuwiderlaufen. Der Betreuer kann also eigene Kriterien zur Beurteilung des Wohles des Betreuten festlegen.

5 Die Vorsorgevollmacht ist nach Eintritt der Geschäftsunfähigkeit nicht mehr widerruflich. Will der Vollmachtgeber nicht mehr an seinen Wünschen festhalten bzw. erweisen sich diese als nicht sinnvoll, ist er darauf angewiesen, daß ein Dritter dies erkennt und berichtigt. Insoweit ist er in aller Regel darauf angewiesen, daß der Bevollmächtigte selbst auf die neuen Umstände reagiert bzw. ein Überwachungsbetreuer gerichtlich bestellt wird.

Ein Betreuter kann jedoch auch nach Verlust seiner Geschäftsfähigkeit seine in der Betreuungsverfügung geäußerten Wünsche widerrufen oder ergänzen, da es insoweit nach §§ 1897 Abs. 4 S 3 2. HS, 1901 Abs. 2 BGB auf den natürlichen Willen des Betreuten ankommt. Dies ist jedoch nicht als ausschließlich vorteilhaft zu betrachten, da der Betreute in einem Zustand der geistigen Verwirrung auch sinnvolle Verfügungen widerrufen kann und nicht auszuschließen ist, daß er lediglich dem Willen eines Dritten nachgibt (vgl. „Bindungswirkung der Betreuungsverfügung“).

6 Mit dem am 1. 1. 1999 in Kraft getretenen Betreuungsrechtsänderungsgesetz unterliegen nun auch in einer Vorsorgevollmacht geregelte Maßnahmen nach § 1904 Abs. 1 und § 1906 Abs. 1 und Abs. 3 BGB der vormundschaftsgerichtlichen Genehmigung. Die Vorsorgevollmacht ist damit nur noch bedingt mit einer größeren Privatautonomie ausgestattet und frei von einer vormundschaftsgerichtlichen Aufsicht.

Geschäfte nach §§ 1821, 1822 BGB sind für den Betreuer nach § 1908i BGB genehmigungspflichtig, nicht jedoch für den Bevollmächtigten. Insoweit ist

3 Vgl. insoweit auch oben § 1 Rn 143ff.

die Vorsorgevollmacht von einer noch stärkeren Privatautonomie geprägt als dies bei einer Betreuung der Fall ist.

Letztlich lassen sich jedoch keine festen Kriterien entwickeln, ob die Vorsorgevollmacht oder die Betreuungsverfügung generell das sinnvollere Instrument zur Regelung der eigenen Angelegenheiten für den Fall einer zukünftigen körperlichen oder geistigen Gebrechlichkeit ist. 7

C. Formvorschriften und Aufbewahrung

I. Form

Eine Betreuungsverfügung ist an keine Formvorschrift gebunden. Im Hinblick auf § 1901 a BGB – Ablieferungspflicht schriftlicher Betreuungswünsche – ist aus Beweisgründen die Einhaltung der schriftlichen Form aber zweckmäßig. 8

Geschäftsfähigkeit des Verfügenden bei Abfassung der Betreuungsverfügung 9 ist nicht zwingend erforderlich, da Wünsche und Vorschläge keine Willenserklärungen sind. Auch Wünsche eines Geschäftsunfähigen sind daher gegebenenfalls zu berücksichtigen.[4]

Ebensowenig notwendig wie die notarielle Beurkundung oder die Unter- 10 schriftsbeglaubigung durch den Notar ist die Hinzuziehung von Zeugen bei der Errichtung der Betreuungsverfügung.

Die Hinzuziehung von Zeugen, die notarielle Unterschriftsbeglaubigung oder 11 die notarielle Beurkundung ist jedoch im Hinblick auf den Nachweis der vollen Geschäftsfähigkeit ebenso sinnvoll wie im Hinblick auf die Entscheidungsfähigkeit des Verfügenden hinsichtlich der Bedeutung und Tragweite seines Selbstbestimmungsrechts.

Sinnvoll ist es, alle Unterschriften in nicht allzu langen Zeitabständen zu er- 12 neuern um dadurch zu dokumentieren, daß der ursprünglich gefaßte Wille nach wie vor aufrecht erhalten wird. Dabei sollte bei einer absehbaren Verschlechterung des Gesundheitszustandes das Intervall der Unterschriftser-

4 BayObLG, FamRZ 1994, S. 530; MüKo, § 1901 Rn 6; *Palandt*, § 1901 Rn 7; anders bei Rechtsgeschäften, die der Betreuer für den Verfügenden tätigen soll und die außerhalb des Aufgabenkreises der Betreuung liegen; hier ist eine wirksame Bevollmächtigung und damit auch Geschäftsfähigkeit erforderlich.

neuerung deutlich verkürzt werden, um der Annahme eines eventuellen Meinungsumschwung durch Dritte entgegenzuwirken.

II. Aufbewahrung

13 Die Betreuungsverfügung ist so aufzubewahren, daß diese unverzüglich bei eintritt des Betreuungsfalles dem Vormundschaftsgericht zugeleitet wird. Je nach Bundesland kann eine Betreuungsverfügung auch beim Vormundschaftsgericht hinterlegt werden.[5]

D. Inhalt

I. Grundsätzliches

14 Die Betreuungsverfügung kann Willensäußerungen sowohl für die Auswahl eines bestimmten Betreuers als auch für dessen gesamtes Tätigkeitsfeld enthalten. Soweit die gesetzlich zulässige Tätigkeit des Betreuers reicht, ist auch eine Anweisung an ihn möglich.[6]

Beschränkt wird die inhaltliche Gestaltungsmöglichkeit bei der Betreuungsverfügung letztlich durch ihre Möglichkeit, eine Bindungswirkung zu erzielen, sowie durch die bestehenden Genehmigungsvorbehalte.

II. Auswahl des Betreuers

15 Bei der Auswahl des Betreuers kann der Betroffene verschiedene Personen für jeweils unterschiedliche Aufgabenbereiche benennen, so beispielsweise eine Person für die Besorgung der vermögensrechtlichen Angelegenheiten und eine weitere Person für die Erledigung der Gesundheitssorge. Des weiteren ist es genauso möglich, mehrere Alternativvorschläge bezüglich einer Betreuerbestellung zu machen, wie auch die Benennung eines Ersatzbetreuers für den Fall, daß der vorangig Benannte die Betreuung nicht übernehmen will oder kann, möglich ist.

5 Vgl. § 5 Rn 1 ff.

6 *Perau*, Betreuungsverfügung und Vorsorgevollmacht, MittRhNotK Heft 10 1996, S. 285 ff. mit ausführlicher Darstellung zu den Regelungsinhalten einer Betreuungsverfügung, vgl.: *Schmidt/Böcker/Bayerlein/Mattern/Schüler*, Betreuungsrecht § 1 Rn 26 ff.

Wenngleich grundsätzlich nur eine natürliche Person vorgeschlagen werden kann,[7] wird in der Benennung einer juristischen Person der Wunsch liegen, einen Mitarbeiter dieser Institution als Vereins- oder Behördenbetreuer bestellt zu bekommen.

Die Staatsangehörigkeit ist bei einer Betreuerauswahl unerheblich. Auch Personen, die nicht die deutsche Staatsangehörigkeit besitzen, können zu Betreuern bestellt werden und sind gem. § 1898 BGB zur Übernahme verpflichtet. **16**

So wie der Verfügende eine Person zum Betreuer bestimmen kann, kann er umgekehrt nach § 1897 Abs. 4 Satz 2 BGB auch bestimmen, daß eine bestimmte Person nicht zum Betreuer zu bestellen ist. **17**

Einziger gesetzlich normierter Ausschlußgrund für die Bestellung zum Betreuer ist das Abhängigkeitsverhältnis oder eine andere enge Beziehung zu der Anstalt, dem Heim oder sonstigen Einrichtung, in der der Betreuungsbedürftige untergebracht ist, § 1897 Abs. 3 BGB. Eine solche Person darf wegen des gesetzlich unwiderlegbar vermuteten Interessenkonfliktes nicht zum Betreuer bestellt werden, da bei eine Unterbringung die Aufgabe der Betreuung in erster Linie in der Interessenwahrung gegenüber der Unterbringungsanstalt unter dessen Personal liegt. Verläßt der Betreute das Heim oder wechselt der Mitarbeiter seinen Arbeitsplatz, entfällt das Hindernis. **18**

Unproblematisch kann aber beispielsweise ein behandelnder Arzt oder auch ein Hausarzt zum Betreuer bestellt werden, sofern er nicht in einem engen Verhältnis zur Unterbringungsanstalt des Betreuten steht.[8]

Gefahr einer Interessenkollision besteht bei der Bestellung naher Angehöriger zu Betreuern, da diese für den Fall der gesetzlichen Erbfolge auch Erben sind. Ein diesbezüglicher Ausschlußgrund ist gesetzlich jedoch nicht normiert. Die reine Erbberechtigung ist damit kein Fall, der zur Ablehnung der Betreuerbestellung führt.[9] Ansonsten könnten nahe Verwandte nie zu Betreuern bestellt werden. Die abstrakte Gefahr von Interessenkollisionen reicht nicht aus. Vielmehr müssen konkrete Anhaltspunkte vorliegen, die eine Gefahr einer Interessenkollision begründen. **19**

Ist der Betreuer geschäftsunfähig fehlt es an dessen Eignung zur Betreuerbestellung. Ein beschränkt geschäftsfähiger kann grundsätzlich Betreuer sein.[10] **20**

7 Vgl. § 1900 BGB, der das Prinzip des Vorrangs privater Einzelbetreuer vor Vereins- und Behördenbetreuer manifestiert, vgl. zu den einzelnen Typen von Betreuern: *Schmidt/Böcker/Bayerlein/Mattern/Schüler*; Betreuungsrecht § 1 Rn 77.

8 Nach §§ 181, 1908 i, 1795 Abs. 2 BGB kann dieser jedoch bei Entscheidungen im Einzelfall ausgeschlossen sein; vgl. *Staudinger*, § 1897 BGB Rn 26.

9 *Schmidt/Böcker/Bayerlein/Mattern/Schüler*, Betreuungsrecht § 1 Rn 64.

10 Vgl. *Staudinger*, § 1897 BGB Rn 20.

III. Art und Weise der Betreuung

21 Die individuellen Wünsche zur Ausgestaltung des Betreuungsverhältnisses können sich auf alle der Betreuung unterliegende Lebensbereiche beziehen. Inhaltlich wird der Verfügende hier insbesondere anstreben, seine bisherigen Lebensgewohnheiten auch für den Fall einer erforderlich werdenden Betreuung soweit als möglich weiterführen zu können. Da aber weder der Eintritt, Umfang und Dauer der Betreuung sowie die tatsächlichen Verhältnisse vorhersehbar sind, sind konkrete Ausgestaltungen eine Betreuungsverfügung im Einzelfall schwierig. Wurden einzelne Regelungen zu eng gefaßt, stellt sich bei geänderten Umständen die Frage, ob der Betreute auch für diese Situation eine Anweisung an den Betreuer erteilen wollte. Bleiben die geäußerten Wünsche vage und allgemein gehalten, so ist der konkrete Wille zu ermitteln.[11]

22 Neben Regelungen über die Vermögensverwaltung kommen hier insbesondere auch Regelungen zu der Einwilligung und dem Versagen von Heilbehandlungen nach § 1904 BGB, Entscheidungen über die Unterbringung nach § 1906 Abs. 1 BGB, Entscheidungen über freiheitsentziehende oder beschränkende Maßnahmen nach § 1906 Abs. 4 BGB sowie auch Regelungen zur Aufenthalts- und Umgangsbestimmung in Betracht.[12]

Eine Befreiung des Betreuers von den gesetzlichen Beschränkungen insbesondere von der Kontrolle durch das Vormundschaftsgericht sowie von der Genehmigungsbedürftigkeit bestimmter Angelegenheiten ist nicht möglich. Insoweit handelt es sich um zwingendes Recht.

E. Bindungswirkung einer Betreuungsverfügung

I. Selbstbindung des Betreuten und Widerrufsmöglichkeit

23 Nach § 1897 Abs. 4 S. 3 BGB ist der Betreute (bzw. der Betreuungsbedürftige) an früher geäußerte Wünsche nicht gebunden. Er kann diese jederzeit widerrufen. Insoweit besteht also keine Selbstbindung des Verfügenden. Sowohl im Hinblick auf die Auswahl des Betreuers als auch im Hinblick auf die sonstigen Wünsche gilt also der jeweils aktuelle Wille des Betreuten. Wegen der leichten Beeinflußbarkeit vieler Betreuungsbedürftiger muß jedoch besonders

11 *Perau*, MittRhNotK Heft 10 1996, S. 288; Epple, BWNotZ 1992 S. 27f.
12 Vgl. insoweit auch oben § 1 Rn 62ff.

darauf geachtet werden, ob eine wirkliche Willensänderung vorliegt oder der Betreute nicht vielmehr dem Willen anderer nachgibt.

Auch reichen bloße Zweifel, ob der Betreute an seinen in der Betreuungsverfügung festgelegten Wünschen festhalten will nicht aus. Auch was die Situation der Betreuung betrifft, muß sicher sein, daß die geänderten Vorstellungen des Betreuten keiner momentanen Stimmungsschwankung entsprungen sondern ernsthaft gewollt sind.[13]

Liegt somit keine wirkliche Willensänderung des Betreuten vor, muß von einer Selbstbindung der Betreuungsverfügung ausgegangen werden. Gleiches gilt für den Fall der Bewußtlosigkeit des Betreuten.

II. Bindung des Vormundschaftgerichts

1. Bindung an den Betreuervorschlag

Das Vormundschaftsgericht ist entsprechend den gesetzlichen Bestimmungen **24**
an die Wünsche des Verfügenden bezüglich des Vorschlags zum Betreuer nur gebunden, sofern dies nach § 1897 Abs. 1 S. 1 BGB dessen Wohl nicht zuwider läuft, die Unvereinbarkeitsregelung des § 1897 Abs. 3 BGB nicht entgegensteht und der Vorgeschlagene die Übernahme der Betreuung nicht nach § 1898 BGB ablehnt.

Für das Gericht besteht kein Auswahlermessen.[14] Der Vorgeschlagene ist zu bestellen, wenn keine gesetzliche Vorschrift entgegensteht.

Die Eignung ist ein unbestimmter Rechtsbegriff und unterliegt der vollen Nachprüfung in der Rechtsbeschwerde.[15] Das Gesetz stellt dabei auf zwei Merkmale entscheidend ab:

Die notwendigen intellektuellen und emotionalen Kenntnisse und Fähigkeiten **25**
zur Besorgung des Aufgabenkreises müssen ebenso vorhanden sein wie die Möglichkeit der persönlichen Betreuung.[16] Welche Anforderungen konkret zu erfüllen sind, hängt von den Umständen des Einzelfalles ab, insbesondere von den zu erledigenden Aufgaben.

13 *Eisenbart*, S. 190.
14 *Schwab*, Probleme des materiellen Betreuungsrechts in FamRZ 1992, S. 493, 501.
15 BayObLG, FamRZ 1996, 244f.; allerdings kann die Beurteilung der persönlichen Eigenschaften und deren Anwendung vom Beschwerdegericht nur beschränkt nachgeprüft werden.
16 *Staudinger*, § 1897 Rn 12.

26 Der Vorschlag des Verfügenden läuft dem eigenen Wohl beispielweise zuwider, wenn ein gefährliches Abhängigkeitsverhältnis, ein erkennbares Desinteresse, Unvermögen oder eigene Gebrechlichkeit des Betroffenen besteht. Steht eine weitaus geeignetere Person als Betreuer zu Verfügung, ist der Vorgeschlagene aber nicht ungeeignet, hat der Wille des Verfügenden Vorrang. [17]

27 Will der in einer Betreuungsverfügung als Betreuer Vorgeschlagene die Betreuungsaufgabe nicht übernehmen, beseitigt dies für sich gesehen nicht die Bindungswirkung des Gerichts an den Vorschlag. [18] Der Vorgeschlagene ist in der Regel auch wider Willen verpflichtet, die Betreuung zu übernehmen. Die Ausnahmen hierzu regelt § 1898 BGB. Doch ist zu bedenken, daß ein unwilliger Betreuer häufig kein guter Sachwalter sein wird, und daß der Unwillige nicht zur Übernahme des Amtes gezwungen werden kann. Die in § 1896 BGB begründete Rechtspflicht ist insoweit sanktionslos. [19] Als Sanktion für die unbegründete Weigerung bleibt nur die Schadensersatzpflicht nach § 1787 Abs. 1 i.V.m. § 1909i Abs. 1 S. 1 BGB übrig.

28 Wird ein Vereins- oder Behördenbetreuer vorgeschlagen, wird das Prinzip des Vorrangs privater Einzelbetreuer vor Vereins- und Behördenbetreuern nach § 1900 BGB überwunden. [20]

Grundsätzlich kann der Verfügende verbindlich seinen Betreuer in der Betreuungsverfügung festlegen. Eine absolute Garantie, daß das Vormundschaftsgericht dem Vorschlag folgt, gibt es jedoch nicht.

2. Bindung an Wünsche zur Ausgestaltung des Betreuungsverhältnisses

29 Bei der Ausgestaltung des Betreuungsverhältnisses kommt dem Vormundschaftsgericht eine Kontrollfunktion zu. Das Vormundschaftsgericht kann gemäß § 1837 Abs. 2, Abs. 3 i.V.m. § 1908i Abs. 1 S. 1 BGB gegen ein unbegründetes Beiseiteschieben der Wünsche des Betreuten vorgehen.

Bei der Entscheidung über den Abbruch von Heilbehandlungen sind Wünsche des Betreuten, die in einer Betreuungsverfügung oder auch in einer isoliert abgefaßten Patientenverfügung festgehalten wurden, vom Vormundschaftsgericht zumindest im Rahmen der Feststellung des mutmaßlichen Willens des nicht einwilligungsfähigen Verfügenden zu berücksichtigen. [21]

17 *Eisenbart*, S. 191.
18 *Schwab*, Probleme des materiellen Betreuungsrechts in FamRZ 1992, S. 493, 502.
19 *Palandt*, § 1898 Rn 1.
20 Vgl. *Perau*, MittRhNotK Heft 10 1996, S. 286.
21 Vgl. dazu auch *Perau*, MittRhNotK Heft 10 1996, S. 289 sowie oben § 2 Rn 22ff.

3. Bindung des Betreuers

Der Betreuer hat nach § 1901 Abs. 3 BGB den in einer Betreuungsverfügung geäußerten Wünschen des Verfügenden zu entsprechen. **30**

Eine Bindung an die Wünsche besteht nur bei Angelegenheiten innerhalb eines festgelegten Aufgabenkreises. Gehen die Wünsche darüber hinaus, so geschieht die Erfüllung freiwillig.[22]

Eine Bindung besteht auch nur insoweit, als der Wunsch nicht dem Wohl des **31** Betreuten zuwiderläuft und dem Betreuer auch zumutbar ist. Hilfe zu einer klaren Selbstschädigung muß der Betreuer jedoch nicht leisten.[23] Ob die Erfüllung des Wunsches dem Wohl des Betreuten zuwiderläuft, beurteilt der Betreuer.[24] Der Begriff des Wohl des Betreuten orientiert sich nicht nur an objektiven Kriterien, denn der Gesetzgeber hat die subjektive Komponente entscheidend gestärkt. Die Möglichkeit des Betreuten, sein Leben nach eigenen Wünschen und Vorstellungen zu gestalten, wird als Teil seines Wohles verstanden, § 1901 Abs. 1 S. 2 BGB.[25]

Der Wunsch des Betreuten widerspricht vor allem dann seinem Wohl, wenn dessen Verwirklichung Rechtsgüter des Betreuten gefährdet, die im Rang über den vom Wunsch verfolgten Interessen stehen. Ferner sind solche Wünsche nicht bindend, die die gesamten Lebens- und Versorgungssituation des Betreuten merklich verschlechtern würden.[26]

Ist die Befolgung eines Wunschs dem Betreuer nicht zuzumuten, beispielsweise weil dessen Erfüllung einen unangemessen hohen Zeitaufwand erfordert, kann davon abgesehen werden.

Bzgl. Heilbehandlungen bzw. deren Abbruch gilt, daß der Betreuer an einen **32** im Rahmen der Betreuungsverfügung manifestierten Wunsch gebunden ist, sofern keine widersprechende aktuellere Äußerung des Betreuten vorliegt.

Unter dem Gesichtspunkt der Zumutbarkeit, die sich aus der Sicht des Betreuers bestimmt, kann die Bindungswirkung bzgl. des Wunsches auf Behandlungsabbruch jedoch entfallen.[27]

22 *Langenfeld*, Vorsorgevollmacht, Betreuungsverfügung und Patiententestament nach dem neuen Betreuungsrecht, S. 160.
23 *Palandt*, § 1901 Rn 9.
24 *Schwab*, MüKo § 1901 BGB Rn 9.
25 *Perau*, MittRhNotK Heft 10 1996, S. 288.
26 Vgl. dazu *Schwab*, Probleme des materiellen Betreuungsrechts in FamRZ 1992, S. 493, 503, MüKo, § 1901 Rn 4–8.
27 *Bienwald*, Betreuungsrecht, 3. Auflage 1999 § 1904 BGB Rn 41.

33 Wurde eine Anweisung an einen Betreuer im Rahmen einer isoliert abgefaßten Patientenverfügung erteilt, so ist dieser entsprechend der für die Bindungswirkung für Patientenverfügungen geltenden Grundsätze zur Wunschbefolgung verpflichtet.[28] Eine Patientenverfügung an den behandelnden Arzt ist gleichzeitig eine Betreuungsverfügung, die den Betreuer verpflichtet, anhand der vorgegebenen Leitlinien zu entscheiden.[29]

34 Die Befolgung der Wünsche des Betreuten ist eine Rechtspflicht für den Betreuer. Verstöße dagegen betreffen zunächst jedoch nur das Innenverhältnis zwischen Betreuer und Betreutem, da die vom Wunsch des Betreuten abweichenden Entscheidungen des Betreuers im Außenverhältnis wirksam sind.

Insoweit unterliegt er aber der Kontrolle des Vormundschaftsgerichts nach § 1837 Abs. 2, Abs. 3 i.V.m. § 1908i Abs. 1 S. 1 BGB. Bei wiederholter Vernachlässigung der Wünsche des Betreuten kann Zweifel an der Eignung des Betreuers bestehen.

35 Insgesamt ist daher davon auszugehen, daß eine grundsätzliche Bindung des Betreuers an Wünsche des Betreuten besteht.

Allerdings kann nicht ausgeschlossen werden, daß in Einzelfällen ein Betreuer sich über die Wünsche des Betreuten hinwegsetzt, auch wenn diese sehr wohl in Einklang mit dem Wohl des Betreuten stehen und dem Betreuer auch zumutbar sind.

F. Befugnisse des Betreuers

I. Rechtliche Grundlagen

36 Gem. § 1902 BGB vertritt der Betreuer den Betreuten gerichtlich und außergerichtlich. Er hat dabei die Stellung eines gesetzlichen Vertreters.[30] Die Vertretungsmacht besteht für den gesamten zugewiesenen Aufgabenkreis.[31]

Erachtet das Vormundschaftsgericht die Betreuung nur für bestimmte Aufgabenbereiche für notwendig, kann eine Erweiterung der Befugnisse des Betreuers durch eine Vollmachtserteilung erfolgen. Ist der Betreuungsfall jedoch be-

28 Vgl. oben § 2 Rn 22ff.
29 *Palandt*, § 1904 BGB Rn 1; *Perau*, MittRhNotK Heft 10 1996, S. 290.
30 Die Unterscheidung zwischen gestzlichem Vertreter und staatlich bestelltem Bevollmächtigten findet nicht statt, vgl. insoweit BT-Drucks 11/4528 S. 135.
31 Zu den verschiedenen Funktionstypen vgl. *Schwab,* FamRZ 92, 499.

reits eingetreten, scheitert eine Vollmachtserteilung in der Regel an der mangelnden Geschäftsfähigkeit des Betreuten.

II. Befugnisse bei gleichzeitiger Geschäftsfähigkeit des Betreuten

Die Vertretungsmacht des Betreuers läßt die Geschäftsfähigkeit des Betreuten 37 unberührt. Sofern der Betreute also nicht nach § 104 Nr. 2 BGB geschäftsunfähig ist oder für den betreffenden Geschäftsbereich kein Einwilligungsvorbehalt nach § 1903 BGB angeordnet wurde, bleibt er selbständig handlungsfähig. Daher kann es zu widersprechenden Rechtsgeschäften und Prozeßhandlungen zwischen Betreutem und Betreuer kommen. Die allgemeinen Grundsätze des Vertretungsrechts sind dann anwendbar mit der Folge, daß letztlich nur bei einem kollusiven Zusammenwirken zwischen Betreuer und Drittem von einer Unwirksamkeit des Rechtsgeschäfts ausgegangen werden kann. Bei rechtlich widersprechenden Rechtsgeschäften wie beispielsweise der Verfügung über denselben Gegenstand gilt das Prinzip der zeitlichen Priorität. Rechtlich nicht kollidierende, aber wirtschaftlich sinnlose Rechtsgeschäfte können nur nach allgemeinem Zivilrecht rückabgewickelt werden. Das Betreuungsrecht sieht kein besonderes Widerufsrecht vor.

Für nichtrechtgeschäftliche Bestimmungsbefugnissen gelten die dargestellten 38 Grundsätze entsprechend.

Eine Aufenthalts- und Umgangsbestimmung des Betreuers ist beispielsweise unwirksam, wenn der Betreuer die Wünsche des Betreuten pflichtwidrig übergeht und dies für den Dritten evident ist.[32]

III. Ende der Betreuerbestellung

Die Befugnisse des Betreuers enden mit Aufhebung der Betreuung bzw. der 39 Entlassung des Betreuers nach § 1908 b BGB.

Dem Betreuten steht kein Widerrufsrecht zu. Nach § 1908 d Abs. 2 BGB ist die Betreuung auf Antrag des Betreuten jedoch aufzuheben, wenn er nicht mehr betreuungsbedürftig ist.

32 MüKo, § 1901 Rn 13.

G. Kontrolle und Genehmigungsvorbehalte des Vormundschaftsgerichts

I. Kontrolle

40 Im Gegensatz zum Bevollmächtigten im Rahmen einer Vorsorgevollmacht ist der Betreuer über die Verweisung des § 1908 i Abs. 1 Satz 1 BGB an die Genehmigungsvorbehalte des Vormunds nach § 1819 bis § 1821 BGB gebunden.[33]

Der Betreuer unterliegt der Kontrolle des Vormundschaftsgerichts nach § 1837 Abs. 2, Abs. 3 i.V.m. § 1908i Abs. 1 S. 1 BGB. Dabei ist es gleichgültig, welche Form der Betreuung und welcher Betreuertyp vorliegt. Das Vormundschaftsgericht überprüft die Maßnahmen des Betreuers im Hinblick auf Pflichtwidrigkeiten oder Mißbrauch. Allerdings rechtfertigt nicht jeder Konflikt zwischen Betreuer und Betreuten ein vormundschaftliches Eingreifen im Rahmen der Aufsichtspflicht.[34] Überprüft wird die Rechtmäßigkeit, nicht aber die Zweckmäßigkeit der Entscheidung des Betreuers. Ausgeschlossen ist, daß das Vormundschaftsgericht anstelle des Betreuten tätig wird.[35]

Als Pflichtwidrigkeit des Betreuers kommen in Betracht:
- Betreiben der Entlassung des gemeingefährlichen Betreuten
- unangemessene Umgangsregelung mit den leiblichen Eltern
- Verhinderung des Kontakts zu Verwandten ohne vernünftigen Grund
- Verweigerung der Bereitstellung von finanziellen Mitteln zur Behebung einer erheblichen Krankheit
- verschwenderischer Unterhalt
- dauernde Verstöße zur Pflicht zur mündelsicheren Vermögensanlage
- aussichtslose Prozeßführung
- unsachliche Rechthaberei und Starrköpfigkeit

Gegen Pflichtwidrigkeiten hat das Gericht durch geeignete Gebote und Verbote einzuschreiten und auch ein Zwangsgeld festzusetzen. Letzteres ist allerdings nicht möglich gegenüber dem Jugendamt, einer Behörde sowie gem. § 1908 g BGB gegenüber dem Behördenbetreuer.

33 Vgl. *Schmidt/Böcker/Bayerlein/Mattern/Schüler*, Betreuungsrecht §3 Rn 376ff.; *Scholz/Glade*, Betreuungsrecht § 6 Rn 15ff.

34 *Palandt*, § 1837 Rn 15.

35 Anderes gilt z.B. bei § 1846 BGB.

Des weiteren äußert sich die gerichtliche Aufsicht in der Pflicht des Betreuers zu Auskunft gegenüber dem Gericht nach § 1839 BGB und Rechnungslegung gem. §§ 1840, 1841, 1843 BGB.

II. Genehmigungsvorbehalte

1. Genehmigungsvorbehalt nach § 1904 Abs. 1 BGB

Nach § 1904 Abs. 1 BGB bedarf der in einer Betreuungsverfügung vorge- **41** schlagene und vom Vormundschaftsgericht bestellte Betreuer zu allen ärztlichen Maßnahmen, bei denen Gefahr besteht, daß der Betreute aufgrund der Maßnahme stirbt, oder einen schweren, und länger dauernden gesundheitlichen Schaden erleidet, der Genehmigung des Vormundschaftsgerichts.

2. Genehmigungsvorbehalt nach § 1904 Abs. 1 BGB bei Einwilligung in den Abbruch von Heilbehandlung bei infauster Prognose

Fraglich ist, ob die Genehmigung des Vormundschaftsgerichts in entspre- **42** chender Anwendung des § 1904 BGB einzuholen ist, wenn der Betreuer die Einwilligung in den Abbruch von Heilbehandlung erteilen möchte.

Eine Einwilligung des Betreuers setzt dabei voraus, daß diese von dessen Auf- **43** gabenkreis auch umfaßt wird. Nicht ausreichend ist die Bestellung des Betreuers für Angelegenheiten der Gesundheitsfürsorge, da ein Sterbenlassen des Betreuten mit der Gesundheitsfürsorge nichts zu tun hat.[36]

Zum Teil bestehen hier Bedenken, ob es bei dieser Entscheidung nicht um eine **44** der höchstpersönlichen Angelegenheiten handelt, die einem Betreuer im Hinblick auf die Menschenwürde Art. 1 GG nicht übertragen werden können.[37]

Dem steht jedoch das Recht der Privatautonomie und das Recht auf einen **45** menschenwürdigen Tod des Betreuten gegenüber.

Bislang mußte nach der in Rechtsprechung vertretenen Meinung davon ausgegangen werden, daß eine vormundschaftgerichtliche Genehmigung hier erforderlich ist.[38]

36 LG München a. a. O.
37 LG München a. a. O. m.w.N.; a.A.: OLG Frankfurt a. a. O., das diesbezüglich keine Bedenken äußert.
38 OLG Frankfurt a. M., FamRZ 1998, S. 1137 ff.

46 Allerdings ist in der jüngsten Rechtsprechung eine Abkehr von dem Genehmigungserfordernis gemacht worden.[39] Demnach soll § 1904 BGB weder direkt noch entsprechend für vormundschaftsgerichtliche Genehmigungen von lebensbeendenden Maßnahmen anwendbar sein.[40]

Abzuwarten bleibt, ob sich der eingeschlagene Weg der Rechtsprechung verfestigt.

Tip

47 Mit der Betreuungsverfügung sollte zusätzlich eine Patientenverfügung abgefaßt werden. Somit wird dann in mehrfacher Hinsicht sichergestellt, daß zumindest zur Ermittlung des mutmaßlichen Willens des Betroffenen hier ausreichend deutliche Hinweise bestehen.[42]

48 Unstreitig ist bei der Einwilligung des Betreuers in die Beendigung lebenserhaltender Maßnahmen nach dem Eintritt des Sterbevorgangs keine vormundschaftsgerichtlicher Genehmigung erforderlich.

3. Genehmigungsvorbehalt nach § 1906 Abs. 4 BGB

49 Bei einer Entscheidungen über freiheitsentziehende oder beschränkende Maßnahmen § 1906 Abs. 4 BGB ist die Genehmigung des Vormundschaftsgerichts einzuholen. Ohne diese Genehmigung sind die Maßnahmen nur zulässig, wenn mit dem Aufschub Gefahr verbunden ist.[42]

39 LG München, NJW 1999, S. 1788; AG Hanau, BtPrax 1997, 82 und die Stellungnahme des Vormundschaftsgerichtstages e. V. zum Beschluß des OLG Frankfurt, BtPrax 5/1998. Die schlüssige Argumentation gegen eine direkte oder entsprechende Anwendung des § 1904 BGB führt u. a. an, daß der Gesetzgeber bei Änderung des § 1904 BGB diesen nicht veränderte, weil er die Fälle des Abbruchs von Heilbehandlungen bewußt nicht erfassen wollte. Zudem ist ein ärztlicher Heileingriff mit dem Risiko des Todes etwas anderes, als ein Eingriff mit dem Ziel des Todes.

40 Vgl. dazu § 1 Rn 67, § 3 Rn 50.

41 Vgl. oben § 2 Rn 22.

42 Sofern es sich um eine länger dauernde (längstens drei Tage) oder um eine regelmäßige Schutzmaßnahme handelt, muß der Bevollmächtigte die Genehmigung des Vormundschaftsgerichts einholen.

4. *Erforderlichkeit der Einholung einer vormundschaftsgerichtlichen Genehmigung nach §§ 1904, 1904 analog, 1906 BGB bei vorhandener Patientenverfügung*

Strittig ist, ob auch bei Vorliegen einer hinreichend konkreten Patientenverfügung, die sich direkt an den Betreuer sowie an Ärzte und Pflegepersonal wendet, die Einholung der Genehmigung des Vormundschaftsgericht nach § 1904 BGB, § 1904 BGB analog und § 1906 BGB durch den Betreuer entbehrlich ist.[43] **50**

Dies ist weder gesetzlich geregelt noch liegt derzeit eine gerichtliche Entscheidung vor, die über diese Frage befinden mußte. Gleichwohl finden sich in der aktuellen Rechtsprechung Hinweise, daß die Einholung einer vormundschaftsgerichtlichen Genehmigung trotz Vorliegen einer Patientenverfügung erforderlich ist.[44] Neuerdings wird aber auch in der Rechtsprechung die Ansicht vertreten,[45] daß § 1904 BGB weder direkt noch entsprechend für vormundschaftsgerichtliche Genehmigungen von lebensbeendenden Maßnahmen anwendbar sein. Abzuwarten bleibt auch hier, ob sich der eingeschlagene Weg der Rechtsprechung verfestigt.

5. *Genehmigungsvorbehalt nach § 1907 Abs. 1, 3 BGB*

Nach § 1907 Abs. 1 BGB unterliegt dem Genehmigungsvorbehalt die Kündigung eines Mietverhältnisses über Wohnraum, den der Betreute gemietet hat. Dies gilt auch, wenn der Betreute die Räume nicht mehr bewohnt oder lediglich in eine andere Mietwohnung umziehen möchte. **51**

§ 1907 Abs. 3 BGB sieht desweiteren einen Genehmigungsvorbehalt vor, bei Miet- oder Pachtverträgen sowie bei Verträgen, durch die der Betreute zu widerkehrenden Leistungen verpflichtet wird, sofern der Vertrag mit einer Dauer von mehr als vier Jahren abgeschlossen werden soll.[46] Unabhängig von der Vertragsdauer ist die Vermietung von Wohnraum durch den Betreuer stets genehmigungspflichtig. Hierdurch soll sichergestellt werden, daß der Betreuer den Wohnungsschutz zugunsten des Betreuten nicht durch Weitervermieten **52**

43 Vgl. insoweit § 2 Rn 22.

44 OLG Frankfurt a. M. FamRZ 1998, S. 11347 ff. führt wie folgt aus: „Die Kriterien der Entscheidung des VormG nach § 1904 BGB analog ergeben sich aus dessen entsprechender Anwendung unter besonderer Berücksichtigung des § 1901 BGB, eines Patiententestaments, dem künftig ein Bedeutungszuwachs zukommen dürfte oder einer Betreuungsverfügung."

45 LG München, NJW 1999, S. 1788; AG Hanau, BtPrax 1997, 82 und die Stellungnahme des Vormundschaftsgerichtstages e. V. zum Beschluß des OLG Frankfurt, BtPrax 5/1998.

46 MüKo, § 1907 Rn 10.

der Wohnung des Betreuten unterläuft.[47] Für die Vermietung von nicht selbst durch den Betreuten genutzten Wohnraum soll die Vorschrift jedoch nicht gelten.[48]

Aus dem Wortlaut ist diese Einschränkung jedoch nicht zu entnehmen.

Tip
Um eine sinnvolle Vermögensverwaltung nicht zu erschweren, sollte bei entsprechender Sachlage unbedingt neben einer Betreuungsverfügung eine Vollmacht zum Abschluß von Mietverträgen verfaßt werden.

6. Genehmigungsvorbehalt nach § 1908 BGB

53 Genehmigungspflichtig ist nach § 1908 BGB auch die Austattung aus dem Vermögen des Betreuten.[49]

7. Genehmigungsvorbehalt nach §§ 1908 i Abs. 2, 1804 BGB

54 Genehmigungspflichtig sind trotz eines entsprechenden Wunsches des Betreuten Schenkungen, die über Gelegenheitsgeschenke hinausgehen, die nach den Lebensverhältnissen des Betreuten üblich sind.

H. Muster Betreuungsverfügung

I. Ungeteilte Betreuungsverfügung

55 Ich,
Name:
Vorname:
Geburtsdatum:
Straße:
PLZ/Wohnort:
Telefon:

47 *Palandt*, § 1907 Rn 8.
48 LG Münster MDR 1994, S. 276; *Palandt*, § 1907 Rn 8; a.A. *Schwab*, MüKo, § 1907 Rn 10, wonach jegliche Vermietung von Wohnraum genehmigungspflichtig sein soll mit der Folge, daß eine sinnvolle Vermögensverwaltung erheblich erschwert wird.
49 Die Ausstattung ist in § 1624 Abs. 1 BGB definiert.

schlage für den Fall, daß für mich ein gesetzlicher Betreuer bestellt werden muß, gemäß § 1897 Abs. 4 BGB hierfür die folgende Person als Betreuer für alle erforderlichen Angelegenheiten vor:

Frau/Herrn
Name: [redacted]
Vorname: [redacted]
Geburtsdatum: [redacted]
Straße: [redacted]
PLZ/Wohnort: [redacted]
Telefon: [redacted]

Falls die vorbezeichnete Person die Betreuung nicht übernehmen will oder kann, schlage ich als Ersatzperson die folgende Person vor:

Frau/Herrn
Name: [redacted]
Vorname: [redacted]
Geburtsdatum: [redacted]
Straße: [redacted]
PLZ/Wohnort: [redacted]
Telefon: [redacted]

Auf keinen Fall wünsche ich, daß die folgende Person zum Betreuer bestellt wird:

Frau/Herrn
Name: [redacted]
Vorname: [redacted]
Geburtsdatum: [redacted]
Straße: [redacted]
PLZ/Wohnort: [redacted]
Telefon: [redacted]

Die Betreuung soll meinen Wünschen entsprechend geführt werden.

Über mein Einkommen sowie über mein bewegliches und unbewegliches Vermögen soll wie folgt verfügt werden: [redacted]

Meine bisherigen Lebensgewohnheiten (z.B. Freizeit, Urlaub etc.) wie: [redacted]

Folgende Personen sollen mich jederzeit besuchen können: [redacted]

Die in meiner Patientenverfügung vom [redacted] geäußerten Wünsche sind von meinem Betreuer zu befolgen. Insbesondere obliegt es meinem Betreuer auch, die in meiner Patientenverfügung von mir niedergelegten Wünsche gegenüber Ärzten und Pflegepersonal, aber ggfs. auch gegenüber dem Vormundschaftsgericht durchzusetzen.

Falls Pflegebedürftigkeit eintritt, soll die häusliche Pflege durch erfolgen. Diese hat sich dazu bereiterklärt und soll dafür ein Entgelt in Höhe von DM erhalten. Sofern die persönliche Pflege der vorbezeichneten Person nicht mehr möglich sein sollte, soll ein Pflegedienst meine häusliche Pflege sicherstellen.

Sollte eine stationäre Pflege erforderlich werden, möchte ich in folgendem Pflegeheim/Krankenhaus untergebracht werden:

Sollte eine Unterbringung dort nicht möglich sein, möchte ich in einem Pflegeheim/Krankenhaus mit entsprechendem Standard untergebracht werden.

Sollte eine Finanzierung aus meinen laufenden Einkommen nicht möglich sein, so soll folgendes Grundstück (Eigentumswohnung, Sammlung, Mobiliar, Wertpapier etc.) zur Finanzierung meiner Pflege verkauft werden:

Ort, Datum — Unterschrift des Verfügenden

Zeuge (nicht zwingend notwendig)

Diese Verfügung entspricht nach wie vor meinem Willen:

Ort, Datum — Unterschrift des Verfügenden

Ort, Datum — Unterschrift des Verfügenden

II. Muster einer geteilten Betreuungsverfügung

Ich,
Name:
Vorname:
Geburtsdatum:
Straße:
PLZ/Wohnort:
Telefon:

schlage für den Fall, daß für mich ein gesetzlicher Betreuer bestellt werden muß, gemäß § 1897 Abs. 4 BGB hierfür die folgende Person als Betreuer für alle persönlichen Angelegenheiten vor:

Frau/Herrn
Name:
Vorname:
Geburtsdatum:

Straße:
PLZ/Wohnort:
Telefon:

Als Betreuer für alle vermögensrechtlichen Fragen schlage ich vor:
Name:
Vorname:
Geburtsdatum:
Straße:
PLZ/Wohnort:
Telefon:

Falls sich die Betreuer in einer Frage, die beide Bereiche tangiert, nicht einigen können, soll der Betreuer mit dem Aufgabenbereich der persönlichen Angelegenheiten entscheiden.

Ort, Datum	Unterschrift des Verfügenden
	Zeuge (nicht zwingend notwendig)

Diese Verfügung entspricht nach wie vor meinem Willen:

Ort, Datum	Unterschrift des Verfügenden
Ort, Datum	Unterschrift des Verfügenden

I. Kombination von Betreuungsverfügung und Vorsorgevollmacht

Eine gleichzeitige Betreuerbestellung neben einer wirksamen Bevollmächtigung ist mit Ausnahme der Bestellung eines Kontrollbetreuers nach § 1896 Abs. 3 BGB nicht möglich.

Für den Fall, daß jedoch teilweise Angelegenheiten aus der Zuständigkeit des 57
Bevollmächtigten entzogen werden sollen bzw. das Vormundschaftsgericht neben der Vollmacht eine Betreuung für erforderlich erachtet, ist eine Betreuungsverfügung neben der Vorsorgevollmacht sinnvoll.

Eine Regelung kann dabei sowohl in einer getrennten Betreuungsverfügung als auch in der Vorsorgevollmacht selbst getroffen werden.

§ 4 Wertvorschriften

A. Allgemeines

1 Das Erstellen einer Vorsorgevollmacht, Betreuungsverfügung oder Patientenverfügung ist eine außergerichtliche Tätigkeit des Rechtsanwalts, es gibt kein gerichtliches Verfahren im Hintergrund. Der Wert bestimmt sich somit nach § 8 Abs. 2 BRAGO. Da § 41 der KostO von dem Verweis in § 8 Abs. 2 Satz 1 BRAGO nicht umfaßt ist, muß der Gegenstandswert nach billigem Ermessen bestimmt werden. Mangelt es an genügend tatsächlichen Anhaltspunkten für eine Schätzung ist ebenso wie bei nicht vermögensrechtlichen Gegenständen der Gegenstandswert auf DM 8.000, nach Lage des Falles niedriger oder höher, jedoch nicht über DM 1.000.000 anzunehmen.[1]

Der Rechtsanwalt hat somit einen weiten Ermessensspielraum. Berücksichtigt werden müssen insbesondere der Umfang der erteilten Ermächtigung sowie das Vermögen des Vollmachtgebers insgesamt.[2]

B. Wertermittlung

I. Die unbeschränkte Generalvollmacht

2 Anhaltspunkt kann hier das Aktivvermögen des Vollmachtgebers ohne Schuldenabzug sein. Problematisch ist jedoch, daß die Vollmacht nur vorsorglich für eine bestimmte Situation in der Zukunft erteilt wird. Der Eventualcharakter der Vollmacht darf hier nicht ohne Berücksichtigung bleiben.[3] Generalvollmachten dürfen daher nicht dem vollen Vermögenswert des Vollmachtge-

1 Wenngleich auf § 41 Kostenordnung § 8 Abs. 2 BRAGO nicht ausdücklich hingewiesen wird, sollten die dort geregelten Grundsätze bei der Bestimmung des Gegenstandswertes bei der Ermessungsausübung berücksichtigt werden.

2 Vgl. *Bengel* in *Korintenberg, Lappe, Bengel, Reimann*, KostO § 41 Rn 9 m.w.N.: die von der Vollmacht betroffenen Rechtsgüter ohne Schuldenabzug müssen genauso berücksichtigt werden wie der Umfang der erteilten Ermächtigung in seitlicher Hinsicht.

3 *Bengel* in *Korintenberg*, § 41 Rn 10.

bers angesetzt werden. Es sollte lediglich ein Prozentsatz von 20–30 % des Aktivvermögens zu Grunde gelegt werden.

II. Die Spezialvollmacht

3 Hier muß bei der Wertermittlung von den getroffenen Regeln selbst ausgegangen werden. Betrifft die Vollmacht bspw. Bank- oder Barguthaben, so können diese einen Anhaltspunkt darstellen. Bei der Regelung mehrerer Angelegenheiten sind die ermittelten Werte zu addieren.

III. Vollmacht zur Regelung persönlicher Angelegenheiten

4 Bei Vollmachten zur Regelungen der persönlichen Angelegenheiten werden sich keine Anhaltspunkte für eine Wertermittlung finden lassen. Gemäß § 8 Abs. 2 Satz 2 BRAGO ist der Gegenstandswert daher grundsätzlich mit DM 8.000 zu bewerten.

Sind hier mehrere Angelegenheiten geregelt, z. B. Entscheidung über freiheitsentziehende Maßnahmen, Aufenthaltsbestimmung, Einwilligung in den Abbruch lebenserhaltender Maßnahmen etc., wird aufgrund des Zusammenhangs der Erklärungen ein einheitlicher Gesamtwert bestimmt. Dieser steht aber selbständig neben dem Wert für den vermögensrechtlichen Teil der Vollmacht.

IV. Patientenverfügung

5 Bei Patientenverfügungen ergibt es keine vermögensrechtliche Anhaltspunkte. Der Wert ist nach § 8 Abs. 2 Satz 2 BRAGO grundsätzlich mit DM 8.000 festzusetzen. Ein gleichzeitig erklärtes Einverständnis im Hinblick auf eine Organspende kann aufgrund der Sachnähe des inneren Zusammenhangs nicht als eigenständige Angelegenheit abgerechnet werden.

C. Gebührenermittlung

6 Vermögensrechtliche und nicht vermögensrechtliche Teile einer Vorsorgevollmacht betreffen unterschiedliche Bereiche und können getrennt bewertet werden.

Anderes gilt hier jedoch für die Patientenverfügung, da diese lediglich nicht vermögensrechtliche Angelegenheiten betrifft. Insoweit besteht Gegenstandsgleichheit mit einem nicht vermögensrechtlichen Teil der Vorsorgevollmacht.

Nach § 20 Abs. 1 BRAGO erhält der Rechtsanwalt eine Gebühr von 1/10 bis 10/10 der vollen Gebühr. Diesen Satzrahmen hat der Rechtsanwalt nach billigem Ermessen zu bestimmen wieviel Zehntel er in Ansatz bringt. Die Bestimmung des § 12 BRAGO ist dabei zu berücksichtigen. **7**

Im Normalfall ist daher eine 5,5/10 Mittelgebühr in Ansatz zu bringen.

D. Honorarvereinbarung

Gemäß § 3 Abs. 5 BRAGO kann der Rechtsanwalt in außergerichtlichen Angelegenheiten Pauschalvergütungen und Zeitvergütungen vereinbaren, die niedriger sind als die gesetzlichen Gebühren. Insbesondere dann, wenn eine Beratung zu Vorsorgevollmacht, Patientenverfügung und Betreuungsverfügung im Rahmen eine allgemeinen Vemögensnachfolgeplanung erfolgt, sollte von dieser Möglichkeit Gebrauch gemacht werden. **8**

§ 5 Hinterlegung

In Deutschland gibt es keine einheitliche Regelung für die Hinterlegung von Vorsorgevollmachten, Betreuungsverfügungen und Patientenverfügungen. 1

Das Kammergericht Berlin[1] hat soweit ausgeführt, daß Betreuungverfügungen nicht vor dem Betreuungsverfahren bei einem Amtsgericht/Vormundschaftsgericht abgeliefert werden können. 2

Die Vorschrift des § 1901 a BGB statuiert für Personen, die ein Schriftstück im Besitz haben, in dem jemand für den Fall seiner Betreuung Vorschläge zur Auswahl des Betreuers oder der Wünsche zur Wahrnehmung der Betreuung geäußert hat, eine Pflicht zur Ablieferung an das Vormundschaftsgericht, nachdem der Besitzer von der Einleitung eines Verfahrens über die Bestellung eines Betreuers Kenntnis erlangt hat. Daraus ergibt sich indessen noch nicht, daß solche Schriftstücke nicht vor der Einleitung eines Verfahrens vor dem künftig Betroffenen oder anderen Personen, sie solche Schriftstücke im Besitz haben, bei einem Vormundschaftsgericht zur Berücksichtigung bei künftiger Einleitung des Verfahrens eingereicht werden können. Es könne jedoch soweit nicht außer Acht gelassen werden, daß eine solche Handhabung aus anderen Erwägungen ausscheidet. Vor der Einleitung eines Verfahrens über die Bestellung eines Betreuers steht noch nicht fest, welches Vormundschaftsgericht für ein künftig möglicherweise einzuleitendes Verfahren örtlich zuständig ist. Dafür kommt es auf die Aufenthaltsverhältnisse des Betroffenen in dem Zeitpunkt an, in dem das Gericht mit der Angelegenheit befaßt wird (§ 65 FGG). Vor der Einleitung des Verfahrens kann also noch nicht abgesehen werden, welches Gericht künftig mit einer Betreuung des Betroffenen befaßt sein wird. Die Einreichung des erwähnten Schriftstücks bei eine Gericht, daß in Zukunft nicht mit einer Betreuung als örtlich zuständiges Vormundschaftsgericht befaßt sein wird, hat auch keinen Sinn, denn es fehlt die Gewähr, daß das künftig örtliche Vormundschaftsgericht das Schriftstück erhält. Der Gesetzgeber hat davon abgesehen, etwa durch Einführung einer zentralen Erfassung und vor der Einleitung eines Betreuungsverfahrens bei den Gerichten eingereichten Betreuungsverfügungen gesetzlich zu regeln. Vielmehr hat der Gesetzgeber die Ablieferungspflicht 3

1 FamRZ 1995, S. 1295.

§ 1901 a BGB von dem Zeitpunkt an statuiert, in dem ein Betreuungsverfahren eingeleitet ist.

4 Ob eine Betreuungsverfügung hinterlegt werden kann, ist von Bundesland zu Bundesland unterschiedlich geregelt:[2]

5 **Baden Württemberg**
Den Vormundschaftsgerichten/Notariaten ist es freigestellt, Betreuungsverfügungen zu verwahren.

6 **Bayern**
Gesetzliche Regelungen und Richtlinien regeln hier die Hinterlegungen von Betreuungsverfügungen. Vormundschaftsgerichte nehmen Betreuungsverfügungen in Verwahrung.

7 **Berlin**
Durchführungsbestimmungen bezüglich einer Hinterlegung von Betreuungsverfügungen bestehen nicht, meist wird die Verwahrung abgelehnt.

8 **Brandenburg**
Landesrechtliche Bestimmungen zur Hinterlegung von Betreuungsverfügungen sind nicht vorhanden und für die Zukunft nicht beabsichtigt.

9 **Bremen**
Durchführungsbestimmungen zur Hinterlegung von Betreuungsverfügungen bestehen nicht.

10 **Hamburg**
Durchführungsbestimmungen zur Hinterlegung von Betreuungsverfügungen bestehen nicht.

11 **Hessen**
Betreuungsverfügungen sind auf Verlangen in Verwahrung zu nehmen.

12 **Mecklenburg-Vorpommern**
Gesetzliche Regelungen für die Hinterlegung von Betreuungsverfügungen bestehen nicht. Vormundschaftsgerichte entscheiden in eigener Zustimmigkeit, ob sie Betreuungsverfügungen in Verwahrung nehmen.

13 **Niedersachsen**
Es bestehen keine Durchführungsbestimmungen zur Hinterlegung von Betreuungsverfügungen.

2 Quelle: Mitteilung der deutschen Gesellschaft für humanes Sterben, Heft 1/98 Seite 13.

Nordrhein-Westfalen 14

Es bestehen keine Durchführungsbestimmungen zur Hinterlegung von Betreuungsverfügungen. Die Verwahrung liegt im Ermessen der Vormundschaftsgerichte.

Rheinland-Pfalz 15

Annahme oder Ablehnung einer Betreuungsverfügung liegt im Ermessen des einzelnen Vormundschaftsgerichts.

Saarland 16

Durchführungsbestimmungen zur Hinterlegung von Betreuungsverfügungen bestehen nicht. Die Vormundschaftsgerichte sind jedoch vom Ministerium der Justiz gebeten, Unterlagen wie Betreuungsverfügungen oder Patientenschutzbriefe entgegenzunehmen.

Sachsen 17

Auf Antrag sind Betreuungsverfügungen vom zuständigen Vormundschaftsgericht entgegenzunehmen und aufzubewahren.

Sachsen-Anhalt 18

Betreuungsverfügungen sind auf Verlangen vom Vormundschaftsgericht entgegenzunehmen und zu hinterlegen.

Schleswig-Holstein 19

Durchführungsbestimmungen zur Hinterlegung von Betreuungsverfügungen bestehen nicht.

Thüringen 20

Auf Antrag haben Vormundschaftsgerichte Betreuungsverfügungen entgegenzunehmen und aufzubewahren.

Die Hinterlegung einer Patientenverfügung ist ferner bei folgenden Organisationen möglich: Deutsches Rotes Kreuz,[3] Humanistischer Verband Deutschlands sowie bei den Hospizgesellschaften. 21

3 DRK-Zentralarchiv – Altenauergasse 1 55116 Mainz.

Literaturverzeichnis

Baumgärtel, Handbuch der Beweislast im Privatrecht, Band 1, 2. Auflage 1991

Bengel/Reimann, Handbuch der Testamentsvollstreckung, 2. Auflage 1998

Bienwald, Betreuungsrecht, 3. Auflage 1999

Bienwald, Weiteres zur Unvollkommenheit der Vorsorgevollmacht gegenüber der Betreuung, BtPrax 1999, 92

Dammrau/Zimmermann, Betreuung und Vormundschaft, 2. Auflage 1995

Eisenbart, Patienten-Testament und Stellvertretung in Gesundheitsangelegenheiten, 1. Auflage 1998

Kerscher/Tanck/Krug, Das erbrechtliche Mandat, 1. Auflage 1998

Koch, Der medizinisch assistierte Tod, in: Adrian Holderegger (Hrsg.), Das medizinisch assistierte Sterben, 1. Auflage 1999, 297

Korintenberg, Lappe, Bengel, Reimann, Kostenordnung, Kommentar, 13. Auflage 1995

Langenfeld, Vorsorgevollmacht, Betreuungsverfügung und Patiententestament nach dem neuen Betreuungsrecht, 1. Auflage 1994

Laufs, Arztrecht, 5. Auflage 1993

Limmer, Die Vorsorgevollmacht unter Berücksichtigung des Betreuungsrechtsänderungsgesetzes, ZNotP 1998, 322

Müller, Auswirkungen des Betreuungsrechtänderungsgesetzes auf die Vorsorgevollmacht in Angelegenheiten der Personensorge, DNotZ 1999, 107

Münchener Kommentar, Bürgerliches Gesetzbuch, 3. Auflage

Nieder, Handbuch der Testamentsgestaltung, 1. Auflage 1992

Palandt, Bürgerliches Gesetzbuch, 58. Auflage 1999

Perau, Betreuungsverfügung und Vorsorgevollmacht, MittRhNotK 1996, 297

Rehdorn, Passive Sterbehilfe und Patiententestament, MDR 1998, 1464

Schmidt/Böcker/Bayerlein/Mattern/Schüler, Betreuungsrecht, 3. Auflage 1999

Scholz/Glade, Betreuungsrecht, 1. Auflage 1999

Schönke/Schröder, Strafgesetzbuch, Kommentar, 25. Auflage 1997

Schwab, Probleme des materiellen Betreuungsrecht, FamRZ 1992, 493

Soergel, Bürgerliches Gesetzbuch, 13. Auflage

Staudinger, Kommentar zum Bürgerlichen Gesetzbuch, 1993 ff.

Stolz, Betreuung ist gut, Vorsorge ist besser (?), BWNotZ 1998, 75
Trapp, Die post- und transmortale Vollmacht zum Vollzug lebzeitiger Zuwendungen, ZEV 1995, 314
Uhlenbruck, Patientenverfügungen, ZAP 1999, 232 (Fach 12, Seite 75)
Waldner/Mehler, Probleme des § 172 BGB, insbesondere bei der Vorsorgevollmacht, MittBayNot 1999, 261
Walter, Das Betreuungsrechtsänderungsgesetz und das Rechtsinstitut der Vorsorgevollmacht, FamRZ 1999, 685
Walter, Die Vorsorgevollmacht, 1. Auflage 1997
Zöller, Kommentar zur Zivilprozeßordnung, 20. Auflage 1997

Stichwortverzeichnis

Fette Zahlen = §§, magere Zahlen = Randnummern

Abbruch von Heilbehandlung **1** 67, 71, **2** 35, **3** 42
Abhängigkeitsverhältnis zu Heim o. ä. **1** 28, **3** 18
Aktive Sterbehilfe **2** 32
Altersverwirrtheit **1** 6
Ärztliche Maßnahmen **1** 21, 65
Ärztliches Attest **1** 12
Ärztliche Sterbebegleitung **2** 17
Aufbewahrung **2** 15, **3** 8, 13
Aufenthalts- und Umgangsbestimmung **1** 76, **3** 22
Auflösung der bisherigen Wohnung **1** 76
Aufnahme in Hospiz, Krankenhaus, Pflegeheim **1** 76
Auftrag **1** 111
Ausgestaltung des Betreuungsverhältnisses **3** 21
Auskunft **1** 113
Ausschlußgrund für die Bevollmächtigung **1** 28
Ausschlußgrund für die Bestellung zum Betreuer **3** 18
Austattung aus dem Vermögen des Betreuten **3** 53
Auswahl des Betreuers **3** 14 f.
Auswahl des Bevollmächtigten **1** 26, 32, 78
Autonomie und Selbstbestimmung **1** 7
Behandlungsabbruch **2** 29, 35, 36
Behandlungswünsche **2** 1
Behinderung **1** 6
Behördenbetreuer **3** 40
Beschenkter Dritter **1** 103
Beschränkungen eines Testamentsvollstreckers **1** 56
Bestimmung des Aufenthalts **1** 25
Betreuer **3** 1 ff.
Betreuungsrechtsänderungsgesetz **1** 2
Betreuungsverfügung **1** 6, 34, **2** 3, 38, **3** 55
Betreuungsverfügung und Vorsorgevollmacht **3** 3, 57
Bettgitter **1** 74
Bevollmächtigung von Ehegatten **1** 50
Beweislast **1** 115
Beweislasterleichterung **1** 117
Beweislastumkehr **1** 92
Beweislastverteilung **1** 90, 91, 100
Bewußtlosigkeit **2** 43
Bindung des Vormundschaftgerichts **3** 24
Bindungswirkung einer Betreuungsverfügung **3** 23
Bindungswirkung einer Patientenverfügung **2** 16

Doppelvollmacht **1** 37, 39, 131, 153

Ehepartner **1** 43
Eignung des Betreuers **3** 24, 34
Einsichts- und Urteilsfähigkeit **2** 9
Einwilligung in Abbruch von Heilbehandlungen **3** 42
Einwilligungsvorbehalt nach §1903, **3** 37
Einzelvollmacht **1** 36
Einzelvollmacht, postmortale Vollmacht zur Grundstücksauflassung **1** 158
Ende der Betreuerbestellung **3** 38
Entscheidungsfähigkeit **1** 63, **3** 11
Erforderlichkeit der Betreuerbestellung **1** 27, 30
Erforderlichkeitsgrundsatz nach §1896 BGB **1** 26
Ersatzbevollmächtigung **1** 42

Fixieren mit einem Gurt **1** 74
Formvorschriften **1** 9, 20
Freiheitsentziehende oder -beschränkende Maßnahmen **1** 22, 74, **3** 22, 49

Gebührenermittlung **4** 6
Gegenstandswert **4** 1
Genehmigung des Vormundschaftsgerichts **1** 66, 68, 73, 75, **2** 22, **3** 22
Genehmigungsvorbehalt **3** 40f.
General- und Spezialvollmacht **1** 35
Generalvollmacht für vermögensrechtliche und persönliche Angelegenheiten **1** 152
Gesamtvertretung **1** 133
Gesamtvollmacht **1** 41
Geschäftsfähigkeit **1** 9, 20, **2** 13, **3** 9, 37
Geschäftsführung ohne Auftrag **1** 111
Geschäftsunfähigkeit **1** 12, 27, 118
Gesetzlicher Vertreter **3** 36
Gestaltungsformen **1** 151
Gestaltungsgrundsätze **1** 151
Gesundheitssorge **1** 25
Grenzen der Vollmacht **1** 134, 137
Grundsätze zur ärztlichen Sterbebegleitung **2** 17
Grundstücksgeschäfte **1** 16

Haftung des Bevollmächtigten und des Vollmachtgebers **1** 139
Handlungs- und Hilfsbedürftigkeit **1** 5
Handschenkung **1** 88
Hauptbevollmächtigter **1** 42
Heilbehandlungen **1** 21, 65, **3** 22, 32
Herausgabepflichten **1** 86, 114
Hilfsbedürftigkeit **1** 1
Hinterlegung **3** 13, **5** 1
Höchstpersönliche Rechtsgeschäfte **1** 35
Honorarvereinbarung **4** 8

Infauste Prognose **1** 67, 70, 71, **2** 36, 37
Innenverhältnis **1** 52, 82, 85
Interessen des Vollmachtgebers **1** 30
Interessenkollision **3** 19

Jugendamt **3** 40

Kollusives Zusammenwirken **1** 84
Konflikte **1** 33
Konkrete Behandlungssituation **2** 30
Kontinuierliche Vermögensverwaltung **1** 4, 144
Kontovollmacht **1** 36, 47, 115
Kontroll- oder Vollmachtsbetreuer **1** 127, 152

Kontrolle **1** 40, **3** 40
Kontrolle des Bevollmächtigten **1** 131
Kontrolle des Vormundschaftsgerichts **3** 29, 34, 40
Kostenerstattung durch die Staatskasse **1** 149
Kündigung eines Mietverhältnisses über Wohnraum **3** 51
Künstliche Beatmung/Ernährung **1** 67

Lebensbeendende Maßnahmen **1** 69, **2** 24
Lebensverlängernde Maßnahmen **3** 4, 67

Maximalbehandlung **2** 29, 37
Miet- oder Pachtverträge **3** 52
Mischangelegenheiten **1** 64
Mißbrauch der Vollmacht **1** 32, 118
Mißbrauchsvermeidung **1** 32
Mitwirkungspflicht **1** 96
Mutmaßlicher Wille **2** 4, 21

Nachteile der Versorgungsvollmacht **1** 148
Natürlicher Wille des Betreuten **3** 5
Nichteheliche Lebensgemeinschaft **1** 143
Notarielle Beurkundung **1** 10, 15, 23
Notarielle Kontovollmacht **1** 52
Notarielle Vorsorgevollmacht und Auftrag **1** 12, 156

Patientenbrief **2** 2
Patiententestament **2** 2
Patientenverfügung **1** 6, 66, 70, 71, **2** 1, **3** 50
Persönliche Angelegenheiten **1** 20, 23, 62
Pflicht zur Ablieferung von Schriftstücken an das Vormundschaftsgericht **5** 3
Postmortale Vollmacht **1** 3, 15, 44, 45, 54, 80, 135
Privatautonomie **1** 1, 143, **3** 6
Privatsphäre des Vollmachtgebers **1** 145
Psychische Krankheit 6
Psychopharmaka **1** 74

Quittung **1** 117

Reanimationsmaßnahmen **2** 39
Recht zum Widerruf **1** 38
Rechtlich erlaubtes Handeln **2** 31
Rechtsgeschäftliche Beschränkung **1** 129
Rechtsscheinshaftung **1** 19
Rechtsscheinswirkung **1** 19
Rechtsscheinswirkung der Vollmacht gem. §172 BGB **1** 125
Rückforderungsansprüche **1** 88, 90, 103, 107

Schenker **1** 51, 89
Schenkung **1** 83, 87, 89, 100
Schenkungsvermutung **1** 101
Schenkungsversprechen unter Lebenden **1** 60
Schenkungsversprechen von Todes wegen **1** 59
Schenkungsvollzug **1** 58
Schenkungsvollzug zu Lasten des Nachlasses durch Vollmacht **1** 57
Schlafmittel **1** 74
Schmerzlinderung **2** 33, 34

Schweizerische Medizinisch-Ethische Richtlinien für ärztliche Betreuung sterbender sterbender und zerebral schwerstgeschädigter Patienten **2** 21
Sekundäre Behauptungslast **1** 95
Selbstbestimmungsrecht **1** 1
Selbstbindung des Betreuten **3** 23
Selbstschädigung **3** 31
Sparbücher **1** 100
Staatsangehörigkeit **3** 16
Sterbehilfe **2** 6
Sterbevorgang **2** 35
Strafverfolgung **2** 31
Substantiiertes Bestreiten **1** 96
Substantiierungspflicht **1** 98

Testamentsvollstrecker **1** 52, 53
Testierfähigkeit **2** 8
Transmortale Vollmacht **1** 4, 46, 50, 58, 118

Überwachungsbedarf **1** 127
Umfang der Vertretungsmacht **1** 35
Unentgeltlicher Erwerb **1** 108 f.
Unentgeltliche Verfügungen **1** 44, 56
Unentgeltlichkeit **1** 111
Unfallopfer **2** 39
Ungeeignete Personen **1** 26
Unheilbar Kranker **2** 41
Unterbevollmächtigung **1** 39, 42
Unterbringung **1** 21, 73, **3** 22
Untersuchungen des Gesundheitszustandes **1** 21
Unwiderufliche Vollmacht **1** 16, 31
Unwilliger Betreuer **3** 27
Unzulässige Rechtsausübung **1** 80
Urkundenrückgabe **1** 125

Verbindlichkeit von Patientenverfügungen **2** 19
Vergütung des Bevollmächtigten **1** 83
Vermutungsregel des §1006 Abs. 1 BGB **1** 100
Versprechensschenkung **1** 58
Vertragsfreiheit **1** 134, 137
Verzinsungspflicht nach § 668 BGB **1** 114
Vollmacht für vermögensrechtliche Angelegenheiten **1** 9
Vollmacht im persönlichen Bereich **1** 63
Vollmacht zur Regelung der persönlichen Angelegenheiten **1** 155
Vollmachtsbetreuer **1** 127
Vollmachtserteilung zu gesellschaftsrechtlichem Handeln **1** 18
Vollmachtsmißbrauch **1** 78 f.
Vollmachtstypen **1** 35
Vorsatz oder Fahrlässigkeit des Bevollmächtigten **1** 141
Vor- und Nacherbschaft **1** 61
Vor- und Nachteile der Vorsorgevollmacht **1** 143
Vormundschaftgerichtliche Genehmigung **1** 8, 69, 70, 75
Vorrang eines privaten Einzelbetreuers **3** 28
Vorsorgevollmacht **2** 3, 38
Vorsorgevollmacht für persönliche Angelegenheiten **1** 6
Vorsorgevollmacht mit Kontrollmechanismus **1** 153

Wechselseitige Einsetzung der Ehegatten **1** 43, 153
Weisungen **1** 129

Wertermittlung **4** 2
Wertvorschriften **4** 1
Widerruf **1** 125, 136, **2** 27, **3** 23
Widerruf der Vollmacht **1** 55, 81, 118
Widerruf postmortaler Vollmachten **1** 122
Widerrufsrecht **1** 123, **3** 39
Wirksamkeit **1** 11, 13, 20
Wirksamkeitsklausel **1** 125
Wohl des Betreuten **3** 4, 31
Wohl des Verfügenden **3** 26

Zeugen bei der Errichtung der Patientenverfügung **2** 12
Zumutbarkeit eines Behandlungsabbruchs **3** 32